HISTORY OF THE OLYMPIC GAMES

ALL ABOUT HISTORY

黄火虫

奥运会简史

[英] 凯瑟琳·马什 编著
曹盈 丁宁 译

中国画报出版社·北京

图书在版编目（CIP）数据

奥运会简史 /（英）凯瑟琳·马什编著；曹盈，丁宁译. -- 北京：中国画报出版社，2025.4. --（萤火虫书系）. -- ISBN 978-7-5146-2477-9

Ⅰ. G811.219

中国国家版本馆CIP数据核字第2025TC7977号

Articles in this issue are translated or reproduced from History of the Olympic Games and are the copyright of or licensed to Future Publishing Limited, a Future plc group company, UK 2021.

北京市版权局著作权合同登记号：01-2024-5810

奥运会简史

［英］凯瑟琳·马什 编著　曹盈　丁宁 译

出 版 人：方允仲
责任编辑：李　媛
内文排版：赵艳超
责任印制：焦　洋

出版发行：中国画报出版社
地　　址：中国北京市海淀区车公庄西路33号　邮　编：100048
发 行 部：010-88417418　010-68414683（传真）
总编室兼传真：010-88417359　版权部：010-88417359

开　　本：16开（787mm×1092mm）
印　　张：13.25
字　　数：212千字
版　　次：2025年4月第1版　2025年4月第1次印刷
印　　刷：北京汇瑞嘉合文化发展有限公司
书　　号：ISBN 978-7-5146-2477-9
定　　价：76.00元

欢迎走进
奥运会的历史

它堪称全球运动盛宴，也确实名不虚传。每隔4年，全球目光汇聚于此，见证人中龙凤争牌夺名，绽放荣光。体育精神和民族自豪感燃爆赛场，这，就是奥林匹克运动盛会。

现在，整幅奥运历史画卷即将徐徐展开，带您穿越回古希腊的过往岁月，一探古罗马人为何一度废除盛会，见证法国人于1896年将其重启，一睹特奥会等其他奥运衍生赛事的风采。同时穿行于世界各地，一览残奥会和冬奥会的诞生。

但是画卷中并非处处荣光。俄罗斯兴奋剂丑闻等备受争议的幕后真相将被揭开，一些主办城市陷入债务泥沼的背后原因也将被一一道来。

奥运点滴过往，所有答案，尽在手边，待您翻阅……

目 录

奥运会

008
古代奥林匹克
运动会

022
古代奥林匹克
运动员

028
现代奥林匹克运动
的诞生

042
女性与奥运会

050
奥运史上
最奇特的运动

062
第一届冬奥会

071
1936年柏林奥运会

084
残奥会的兴起

094
特拉特洛尔科
事件

102
特奥会

112
1996年
亚特兰大奥运会

122
2008年
北京奥运会

133
俄罗斯
兴奋剂丑闻

140
疫情中延迟的
东京奥运会

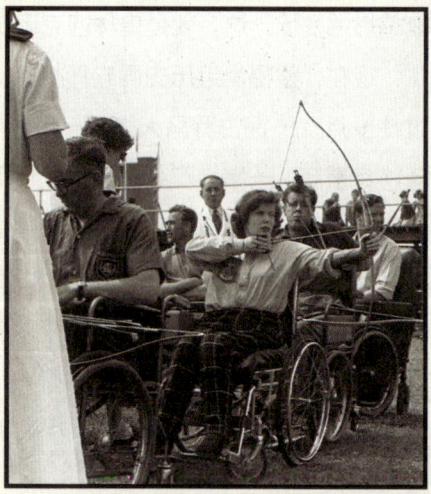

仪式

151 点燃奥运圣火　　**158** 申办奥运会　　**168** 恪守传统

奥林匹克运动员

186 纳迪亚·科马内奇　　**200** 爱丽丝·科奇曼

190 阿拉达尔·格雷维奇　　**204** 加藤泽男

178 尤塞恩·博尔特　　**194** 西蒙·拜尔斯　　**206** 拉里莎·拉蒂尼娜

182 杰基·乔伊纳-克西　　**198** 维拉·恰斯拉夫斯卡　　**210** 斯凯·布朗

奥运会

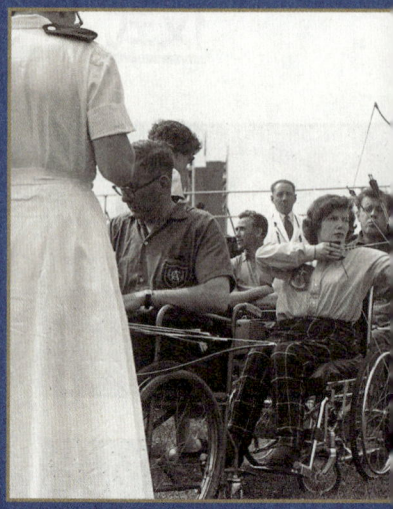

008
古代奥林匹克运动会

022
古代奥林匹克运动员

028
现代奥林匹克运动
的诞生

042
女性与奥运会

050
奥运史上
最奇特的运动

062
第一届冬奥会

071
1936 年柏林奥运会

084
残奥会的兴起

094
特拉特洛尔科事件

102
特奥会

122
1996 年
亚特兰大奥运会

134
2008 年北京奥运会

133
俄罗斯兴奋剂丑闻

140
疫情中延迟的
东京奥运会

▶ 卡特梅尔·德·昆西（Quatremère de Quincy）在1815年对菲狄亚斯（Pheidias）雕刻的奥林匹亚宙斯塑像（Olympian Zeus）进行重建构想，但他的构想错误地将雕像置于一个拱形屋顶之下

古代奥林匹克运动会

赛事激动人心，回望追本溯源

大卫·斯图塔德

从公元前776年到393年左右，每4年，参赛者和观众都会涌向古希腊南部的一个圣地，参加当时最非凡的盛会之一。这是一个纪念众神之王宙斯的节日，传说中宙斯统治着遥远的北方奥林匹斯山上白雪皑皑的山峰。事实上，圣地的名字"奥林匹亚"正是取自奥林匹亚宙斯的名字。

这个节日的起源并不高贵。最初，参与者主要来自管理圣地的伊利斯（Elis）城邦，这个城邦距圣地仅不到65公里。8月满月日后的第二天早晨，人们吟唱赞美诗，吟诵祈祷文，并将牛祭献给宙斯，在祭坛上燃烧骨头和肥肉作为祭品，然后为当晚的宴会烹制肉食。

当空气中弥漫着令人垂涎的香气时，在场的许多人开始向东挪动，他们脱掉衣服，只留下腰上的"兜裆布"遮羞——直

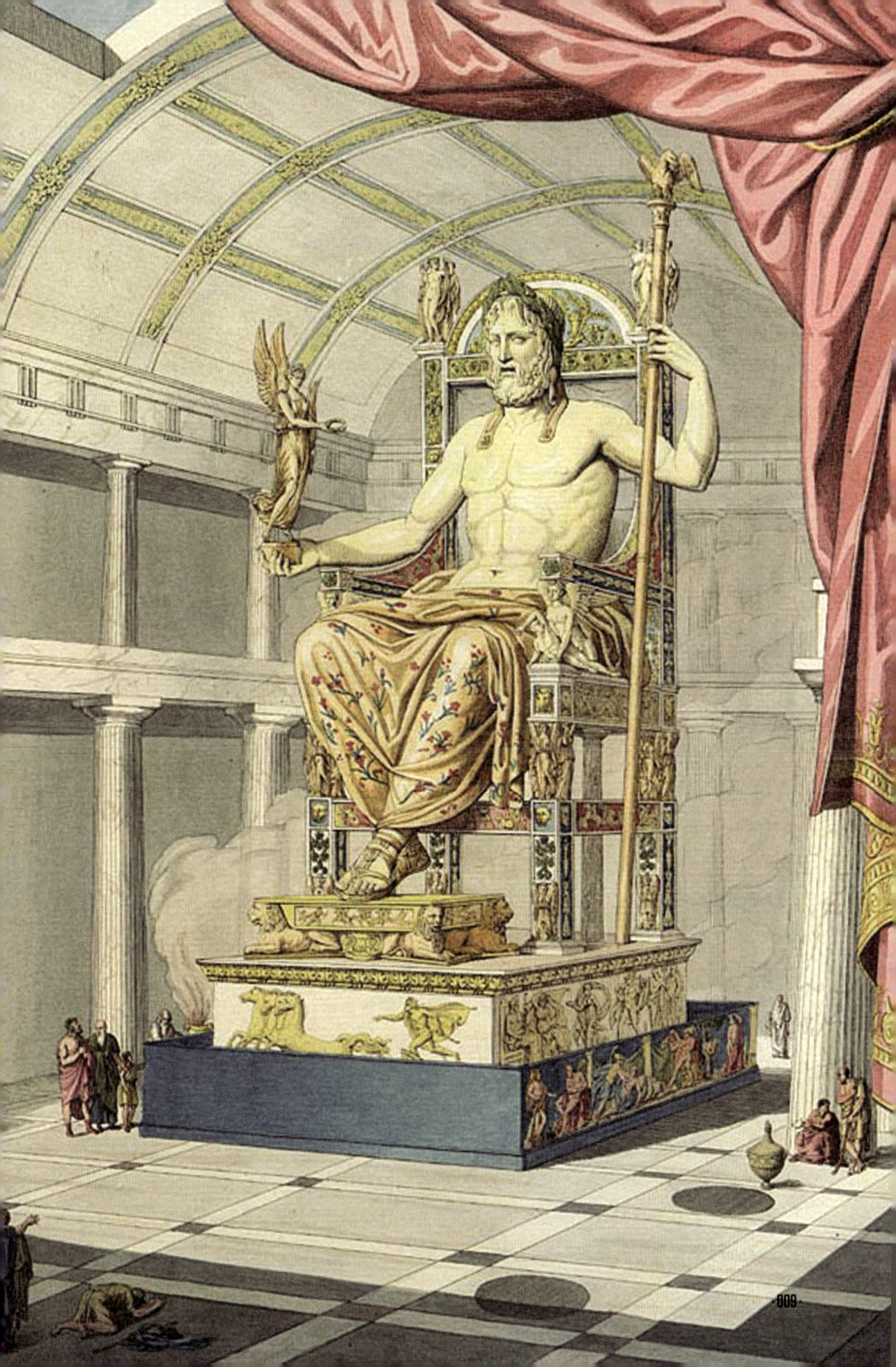

▲ 古希腊全能格斗家（pancratists）是最残酷运动的献身者，他们打破了禁止咬人和抠眼的规则

到公元前720年开始，参赛者开始赤身裸体参赛——参赛者要在众目睽睽之下，跑回祭坛附近的终点。这个距离大概是192米，在希腊语中被称为"stade"，意为场地跑（stade），这是"stadium"（体育场）一词的起源。公元前776年，第一次比赛在30秒内结束，并宣布了获胜者。他是当地一位名叫科罗布斯（Coroebus）的面包师，是那一年唯一的获胜者，因为赛跑是唯一的比赛。奥运会始于一项赛事。

这种比赛形式延续了两代人的时间，从公元前724年开始，陆续引入了其他比赛形式，此节日盛典开始声名远播。巧合的是，对于古希腊人来说，这也是一个全新开始的时代，因为许多大陆城市派出一船船的公民到异国他乡建立新的定居点——从西部的马赛（Marseilles）到东部的拜占庭（Byzantine），从利比亚的昔兰尼（Cyrene）到现代阿尔巴尼亚的埃皮达姆努斯（Epidamnus）。

随着古希腊领土的扩张，古希腊人越来越需要维持或创造文化认同。公元前5世纪的历史学家希罗多德（Herodotus）写道，将他们团结在一起的是"亲近的血缘、相近的语言、供奉的神龛、共同的祭祀，以及相似的生活方式"。他应该再加上"竞争精神"，因为《伊利亚特》(Iliad)中给阿喀琉斯（Achilles）的建议激励了几乎每一个古希腊人，这条建议起源于一首公元前8世纪的史诗："追求卓越、超越一切"。

《伊利亚特》充满了古希腊人的想象力，这本书中记载的英勇事迹在帕特洛克罗斯（Patroclus）的葬礼竞技赛会中展现得淋漓尽致，古希腊人将自己定位为特洛伊战争中英雄的传人，其英勇精神的圣地被迅速公认为奥林匹亚。尽管其他与体育有关的节日如雨后春笋般涌现——在德尔斐（Delphi）、科林斯（Corinth）和尼米亚（Nemea）举办的节日尤为引人瞩目——但奥运会仍占据着至高无上的地位。公元前6世纪，古希腊各地的参赛者纷纷来到奥林匹亚。公元前5世纪初，希腊大陆人成功击退了波斯人的入侵，西西里岛上的古希腊人击败了迦太基人（Carthaginians）和伊特鲁里亚人（Etruscans），古希腊人正是在奥林匹亚举行了祭祀以示感恩。

随着节日地位的与日俱升，赛事举办时间增加到了5天。与此同时，祭祀和宴会成了展示权力的新机会，这意味着奥林匹亚现在不仅吸引了运动员，而且吸引了国王、政客、富人和名流，他们渴望登上国际舞台、举行高级别会议并通过谈判高调交易。

许多人热衷于参加战车比赛——这是最昂贵的比赛项目——其中包括马其顿国王亚历山大一世，许多人认为他的子民不是纯粹的希腊人。公元前504年，他成功地证明了自己的血统资格，将他的祖先原籍追溯到伯罗奔尼撒半岛（Peloponnesian）的阿尔戈斯城（city of Argos）。

近一个世纪后，公元前416年，雅典花花公子政治家阿尔西比亚德斯（Alcibiades）也参加了战车比赛来彰显自己的财富和权力，他的7支参赛战车队伍让他一时风光无两。

不出所料，他大获全胜。为了庆祝胜利，他举行了宴会款待观众，部分费用来

▲ 来自克罗顿（Croton）城邦的摔跤手米洛（Milo），在被狼群袭击致死之前曾蝉联5届奥运会冠军

自爱琴海希俄斯岛（Chios）和莱斯博斯岛（Lesbos）的富人粉丝。

与此同时，随着与会人数的激增，其他人也慕名而来。有希望通过销售获利的商人，还有像希罗多德这样的作家，他在宙斯神庙的门廊上朗读他的史学名著《历史》；还有艺术家们，如错视画（trompe l'œil）的开创者宙克西斯（Zeuxis），他穿着斗篷在奥林匹亚周围游荡，斗篷上用金色字母书写着他的名字，以博人眼球；还有像品达（Pindar）这样的抒情诗人，他渴望从获胜的运动员所得的奖金里分得一杯羹。

但是，在这样一个全希腊人聚首的盛会上，像伊索克拉底（Isocrates）这样有远见卓识的演说家衷心呼吁古希腊团结一致以抵御强大的侵略者时，他们却置若罔闻。公元前338年，在喀罗尼亚（Chaeronea）战役中，马其顿的腓力二世（Philip II）攻占了古希腊的众多大陆城邦。为了纪念胜利，他修建了一座圆形神庙，里面安放了他自己和家人的雕像，该神庙位于奥林匹亚赫拉（宙斯的妻子）神庙旁边。

在罗马帝国统治下，奥运会继续蓬勃发展，尽管偶尔皇帝可能会改变规则。67年，尼禄（Nero）不仅重新安排了奥运会比赛日程以创造条件参赛，还试图通过驾驶自己的十马战车来炫耀实力。但一切未能按计划进行，据他的传记作者苏埃托尼乌斯（Suetonius）记载："他从战车上摔下来，虽然被扶回战车，但他无法继续前进，最终在到达终点前放弃比赛。即便如此，他还是赢得了胜利者的桂冠。"

最后，基督教终结了奥林匹克节。毕竟，这是为了纪念一位异教神。391年，基督教皇帝狄奥多西（Theodosius）宣布奥运会非法。虽然后来奥运会又勉强维持了30年，但到425年，奥运会最终荡然无存。

所有关于奥运会起源的经典记载都与神话密不可分。一些人坚持认为，正是在奥林匹亚，宙斯击败了他的父亲克洛诺斯（Cronus），并接任统治众神和凡人。其他人则声称是赫拉克勒斯（Heracles）开创了奥运会先河。国王奥吉亚斯（Augeas）拒绝支付赫拉克勒斯为他提供的12项任务之一——清理皇家马厩的费用，赫拉克勒斯一怒之下把国王推翻了，为了庆祝这场胜利，他在奥林匹亚举行了运动会。

现代奥运会不仅吸引了运动员纷至沓来，也受到了富人与名流的追捧青睐。

▶在公元前416年的奥运会上，雅典的花花公子政治家阿尔西比亚德斯组建了7支战车队参赛，震惊了奥林匹亚

　　还有一些人有不同看法。他们认为，奥运会的创始人是来自福卡亚[Phocaea，今土耳其福卡（Foça）]的爱奥尼亚（Ionian）王子珀罗普斯（Pelops）。他探听到国王欧尼摩斯（Oenomaeus）将要把自己的女儿希波达米亚（Hippodamia）许配给在战车比赛中打败自己的人，于是下定决心要赢得比赛。尽管拥有波塞冬（Poseidon）赠予的一队神奇的战马，但他仍感到机会渺茫。于是，他买通了负责战车的技术员米尔提洛斯（Myrtilus），让对方偷偷地将欧尼摩斯所乘战车的关键零件卸掉，代之以石蜡制品。随着轮子越转越快，在摩擦力的作用下，这些石蜡零件慢慢融掉，而后整个战车轰然倒塌，欧尼摩斯痛苦地死去。然而，珀罗普斯却并没有履行自己的承诺——让希波达米亚陪米尔提洛斯睡觉——而是将米尔提洛斯残忍地推下了悬崖。米尔提洛斯的冤魂日夜纠缠珀罗普斯，若想摆脱纠缠，唯一方法便是举办葬礼竞技会——这便是首届奥运会的起源。

　　上述神话故事在奥林匹亚都流传甚广。主宰阿尔提斯（Altis）的是一座宏伟的宙斯神庙，神庙内香气缭绕，供奉着一尊庄严的宙斯端坐神像，神像头戴橄榄王冠。这尊雕像由雅典雕塑家菲狄亚斯现场制作而成，高约12米，外包黄金和象牙，是

2 世纪的奥林匹亚圣殿

奥林匹亚到处都是获胜运动员的雕像,这些雕像环绕着宙斯神庙,神庙的屋顶用大理石建造。珀罗普斯坟冢的外侧是赫拉神庙(公元前 700 年),其原始木柱后来被石头取代,而在东北部,体育场被人为抬高并与圣殿隔开。

赫拉神庙
这座建于公元前 7 世纪的神庙供奉着一座年代久远、优雅端坐的女神雕像。女神雕像旁站着宙斯,还安放着"伊菲图斯的青铜盘"(Discus of Iphitus),上面刻着神圣休战协定(Olympic Truce)。

宙斯群像(Zanes Statues)
这些雕像好像寺庙里的一排功德箱,往往被人视而不见。这些雕像是用惩罚作弊参赛者的罚款修建而成的,它们的底座保留至今,上面仍刻有作弊者的名字。

珀罗普斯的坟冢
一个 8 月的满月之夜,月光如水,白杨环绕,祭司们宰杀了一只黑色的公羊,血洒大地祭奠英灵。

腓力神庙
这座精致的圆形建筑是为了纪念腓力二世在战斗中取得的胜利而建造的,里面的雕像不是神,而是马其顿王室成员。

菲狄亚斯的工作室
菲狄亚斯复制了和宙斯神庙里一模一样的一尊宙斯雕像,外包黄金和象牙,然后就地组装。

宙斯神庙
这座神庙的外围装饰着展示众多神话场景的雕塑,里面有一尊约 12 米高的宙斯坐像,外包黄金和象牙,是古代世界七大奇迹之一。

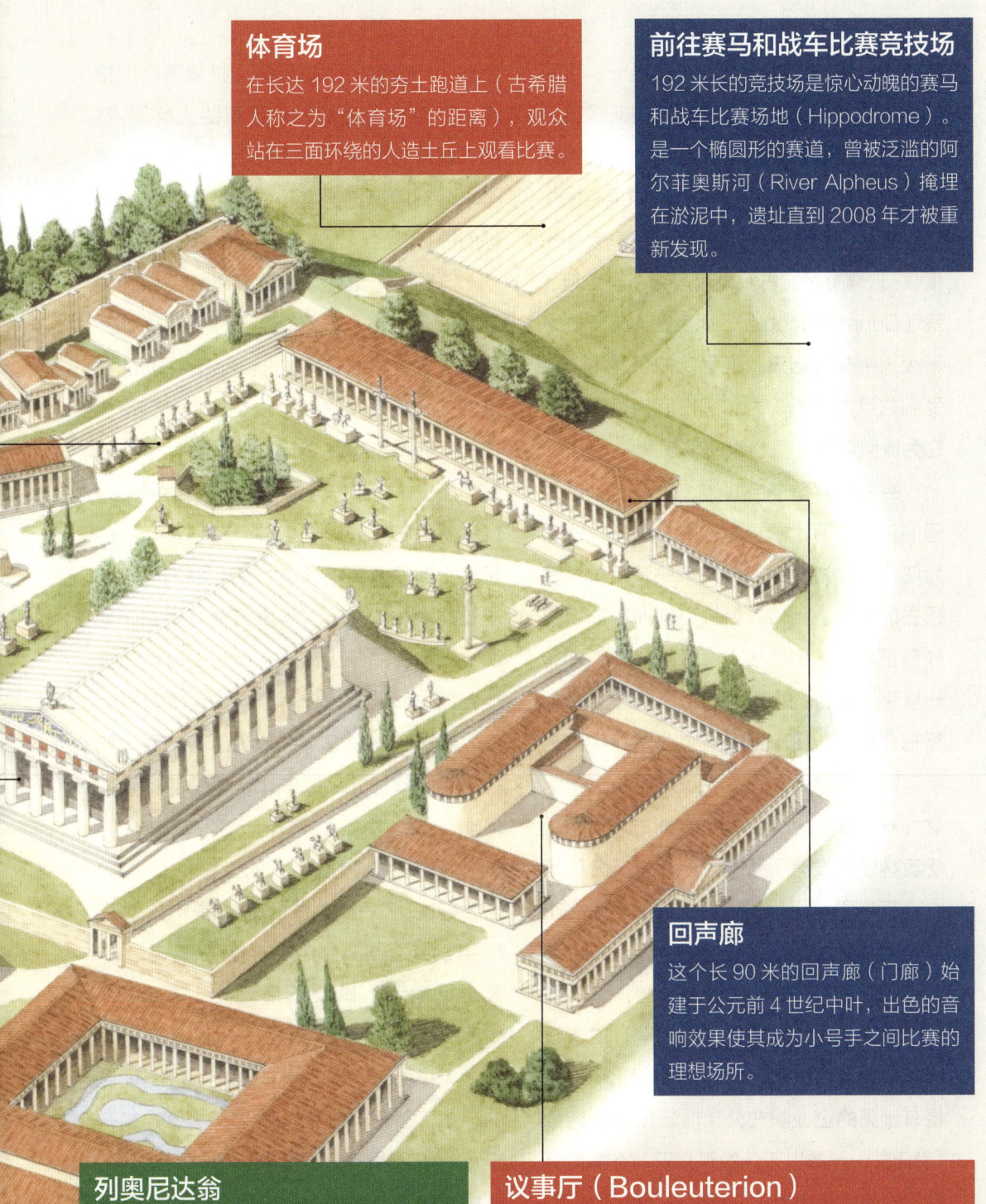

体育场
在长达 192 米的夯土跑道上（古希腊人称之为"体育场"的距离），观众站在三面环绕的人造土丘上观看比赛。

前往赛马和战车比赛竞技场
192 米长的竞技场是惊心动魄的赛马和战车比赛场地（Hippodrome）。是一个椭圆形的赛道，曾被泛滥的阿尔菲奥斯河（River Alpheus）掩埋在淤泥中，遗址直到 2008 年才被重新发现。

回声廊
这个长 90 米的回声廊（门廊）始建于公元前 4 世纪中叶，出色的音响效果使其成为小号手之间比赛的理想场所。

列奥尼达翁
这座古老的酒店占地 73 平方米，建于公元前 330 年至前 320 年间，由来自纳克索斯岛（Naxos）的列奥尼达斯（Leonidas）建造，中央庭院巧设其中，树木参差，芬芳宜人，喷泉飞溅，水花绽放。

议事厅（Bouleuterion）
这是由两座拱形建筑组成的建筑群，中间房间连接两侧柱廊正面，在令人肃然起敬的宙斯·霍尔基奥斯（Zeus Horkios，宙斯——誓言之神）雕像的见证之下，奥林匹克理事会（the Olympic Council）开会商讨比赛事宜。

希腊唯一的一处古代七大奇迹之一。它是如此美轮美奂，即使是2世纪的斯多葛派（Stoic）哲学家爱比克泰德（Epictetus）也对它心神驰往、赞誉有加："如果有生之年没有目睹过此雕像，将是一种莫大的不幸。"这尊雕像被古罗马人运到了君士坦丁堡（Constantinople），而后在462年的一场大火中灰飞烟灭，但是我们仍然可以感受到它巨大的影响力：拜占庭肖像画家以它为原型勾勒出了上帝的脸庞。

坐落在宙斯神庙北边、距其仅一箭之遥的珀罗普斯土冢是举行整个赛事仪式最为庄严的地方，人们会用一只黑山羊祭奠死去的英雄。相传，赫拉克勒斯首创了这种祭祀方式，但他被人津津乐道的，却是一些平淡无奇的小事。传说，赫拉克勒斯祭祀了宙斯，由于宙斯有个非常特别的名字宙斯·阿波慕欧斯（Zeus Apomuios，意为驱蝇人），于是赫拉克勒斯的虔诚祭祀使奥林匹亚没有了苍蝇。观众有充分的理由心存感激，因为奥运会在希腊酷热的8月举行，尤其是对运动员来说，当时炎热的天气和干燥的空气令人心生畏惧。

在每个月初一前后的5天里，由于没钱入住列奥尼达翁（Leonidaion）——那是有远见的企业家在公元前360年建造的"酒店"——数以万计的观众只能在神殿外搭起帐篷或露宿街头。那里缺乏饮用水源，卫生条件也不好，即便如此，人们也必须争得头破血流才能求得在野外歇息的一席之地。对有些人来说，比如爱比克泰德，他的记忆中永远是"炙烤的阳光和不堪的污秽……嘈杂声、喧嚣声、推搡声、拥挤声，以及自顾自地做自己事的人群"。然而，就连他也承认："我认为，一想到比赛时享受到的视觉盛宴，你便会觉得这一切都值得忍受。"

这是一个纪念逝去的英雄和宙斯神的宗教节日，这个节日基本上只允许男性参与，除了祭奠德墨忒尔（Demeter）的女祭司外，其他女性都禁止参加——尽管在奥林匹亚举办男性奥运会时也曾为了纪念女神赫拉举行过一个4年一次的女性节日。性别不是唯一的限制条件；任何被定罪的杀人犯都没有资格参赛，除非他们经过了漫长的净化仪式，并且所有参与者都必须说一口流利的希腊语。从理论上讲，无论社会地位如何，任何一个自由人都可以参赛。而事实上，像讲究排场的阿尔西比亚德斯不会参加除了战车比赛以外的其他任何项目，因为这意味着与下层阶级的人竞争，而战车比赛则是富人的专利。

有些比赛中唯一设限的是年龄。少年组的比赛项目较为丰富：拳击、摔跤、场地跑，以及五项全能比赛（the pentathlon）——这一赛事仅在公元前628年举办过一次。参加成年组比赛项目的运动员必须年满20岁。奥运会开始前一个月，所有参赛选手都要集中来到比赛主办城市伊利斯城邦。在这里，他们被迫在希腊裁判（Hellanodikai）的严格监督下进行训练并参加预赛，同时决定谁应该参加哪个项目。

即使时至今日，如果没有相关佐证材

▲ 为纪念腓力二世战胜希腊城邦联军，修建了腓力神庙，里面供奉着马其顿王室成员的雕像

料，按照年龄判定是否可以参赛可能也是非常敏感的。有时，判决结果难免颇有争议。公元前468年，埃伊纳岛（Aegina）的费利亚斯（Pherias）因看起来太年轻而被禁止参加男子摔跤比赛。另一位参赛者，罗得岛（Rhodes）的尼卡西洛斯（Nicasylos），由于身体发育良好，年仅18岁就被允许参加摔跤比赛。他赢得了奥运比赛，也在其他比赛中获得过佳绩，但比赛异常残酷，他在20岁时就溘然离世。

身体接触运动的参与者最是被人津津乐道但也备受争议。也许最著名的是摔跤手米洛，他在20年内连续5届蝉联奥运会冠军。有关米洛力量的传说数不胜数，据说当一个邻近的城市袭击他的家乡意大利南部的克罗顿时，他穿着狮子皮，挥舞大

> **无论社会地位如何，任何自由人均可参赛。**

棍棒，大步流星迎战敌人。入侵者认为他是赫拉克勒斯转世，于是纷纷落荒而逃。

米洛的离世同样耸人听闻。旅行作家保萨尼亚斯（Pausanias）写道："在其故乡的某个地方，他看到了一棵枯树，这棵树裂开了并被楔子固定住。米洛决定把手伸进树里，但楔子滑落，他被牢牢卡住。后来他遭遇了狼群袭击，这些野兽在克罗顿地区屡见不鲜……"

让奥运会声名狼藉的是一位拳击手。所有参赛选手都必须在奥林匹克理事会大楼内集合，并对着一头被肢解的野猪尸体宣誓他们不会作弊。然而，公元前388年，有人发现来自色萨利（Thessaly）的尤波洛斯（Eupolus）贿赂了3名对手。希腊裁判对他们4人都处以罚款，并用这笔钱在通往体育场的路上竖起了4座宙斯雕像，即所谓的宙斯群像，上面刻有作弊者的名字及其罪行。至今仍然可以看到16个宙斯雕像的底座。

场地跑比赛获胜者以一种令人艳羡的方式让世人铭记。通常情况下，城邦通常会以当年主要行政官的名字来命名，这种做法常常给后来的研究人员在编纂年表时带来困扰。公元前5世纪后期，来自伊利斯城邦的哲学家希皮亚斯（Hippias）希望创建一个通用的纪年系统，提出了一个解决方案：他将公元前776年命名为"奥林匹克元年，来自伊利斯城邦的科罗布斯赢得了比赛"，亦或将公元前772年命名为"奥林匹克元年，来自伊利斯城邦的安提马科斯（Antimachus）赢得了比赛"，后面的年份相应地应该编号为"奥林匹克第二年、第三年和第四年"，以此类推。

希皮亚斯的纪年系统方案被广泛认可。从那时起，古希腊人从第一届奥林匹克运动会开始他们的历史纪年，奥林匹克场地跑比赛的获胜者和他的城邦从此在所有希腊语国家名垂青史。

场地跑是奥运会第一个比赛项目，在公元前724年引入了折返跑（diaulos）比赛之后，其他比赛项目也被迅速陆续引入。这些比赛大致可分为三种类型，第一种是跑步类运动：场地跑、折返跑、4.5公里长跑（dolichos）和重装步兵赛跑（hoplitodromos）；第二种比赛是力量比拼类运动：拳击、摔跤、古希腊式搏击（pankration，这既是野蛮斗殴，也融合了不带拳击手套的打斗，足以致命），以及投掷标枪和铁饼；第三种是车马竞技类运动：

赛马、两马战车赛、四马战车赛，甚至十马战车赛及骡车比赛。

此外，五项全能融合了力量和速度。一些项目从引入之日起，如场地跑比赛，就在奥运会沿用至今。而其他的一些比赛，如骡车比赛，后来则悄然退出了历史舞台。

与其他国际节日不同，例如在德尔斐举行的纪念阿波罗的皮提亚运动会（Pythian Games）或雅典的泛雅典节（Panathenaic Festival），奥运会不包含正式的文化或艺术元素。但是，有两场新奇的比赛与体育实力毫无关系，那就是在公元前396年推出的竞争小号手和传令官的比赛。在竞赛场地搬迁到宙斯神庙以东80多米处的杜廊中后，这两项比赛尤其受到青睐。这种所谓的回音廊的声学效果会使任何声音回荡次数不少于7次。

马拉松比赛的灵感来自一个古希腊人的运动壮举。公元前490年，斐迪庇第斯（Pheidippides）将希腊城邦战胜波斯的消息从马拉松一路传达到雅典，他跑过的距离刚刚超过46公里。

1896年第一届现代奥运会设立了马拉松比赛，但举办地不在奥林匹亚，而是在雅典，即希腊独立后引以为豪的新首都。它标志着现代奥林匹克运动的新时代，一些比赛形式对于希腊的远祖们来说可能是"面目全非"了，尤其是比赛宣扬的体育

▲ 一名车夫身着标志性的飘逸长袍，赶着他的四马战车队

精神。以前，运动员们"总是力求做到最好"；而现在的竞赛精神大不相同，正如皮埃尔·德·顾拜旦（Pierre de Coubertin）男爵所宣称的那样："生活中最重要的，不是胜利，而是参与，不是赢得，而是拼搏。"

从第一届古代奥运会到第一届现代奥运会

第二个比赛项目，折返跑被引入奥运会，后来又有新的比赛项目被陆续引入其中，包括五项全能和摔跤（公元前708年）、战车比赛（公元前680年）和马术比赛（公元前648年）。

公元前776年　　公元前724年　　公元前720年

首届有记录的奥林匹克节举行。唯一的比赛项目是场地跑，伊利斯城邦的面包师科罗布斯获胜。

来自墨伽拉（Megara）的奥里西普斯（Orisippus）在前几届奥运会上都赢得了场地跑比赛，在本届比赛中奔跑时，他不慎将"兜裆布"跑落。自此之后，运动员们纷纷开始赤身裸体地参加比赛，人们可能认为裸体能让他们跑得更快。

来自罗得岛的列奥尼达斯赢得了场地跑、折返跑和重装步兵赛跑比赛，他在接下来的两届奥运会上再创辉煌，3次荣登冠军宝座。他9次获胜的纪录直到2016年才被迈克尔·菲尔普斯（Michael Phelps）打破。

公元前356年　　公元前164年　　40年

马其顿的腓力二世在同一天双喜临门，他的战车在比赛中获胜，同时他的儿子亚历山大大帝出生。后来，他为纪念打败希腊城邦而修建了圆形神庙。

卡利古拉（Caligula）试图将宙斯雕像搬到罗马，但搬运工听到神像里面发出不同寻常的呻吟声，于是拒绝继续搬运。

来自菲加利亚（Phigalia）的阿里希奇（Arrhichion）尽管已死，但还是赢得了古希腊式搏击比赛冠军：他的对手因脚趾脱臼疼痛难忍，在阿里希奇窒息而死之前放弃了比赛。

雅典的菲狄亚斯，也是帕特农神庙（Parthenon）的设计者，完成了一尊约12米高的宙斯坐像，表面用黄金和象牙制成，伸出的手上托举着古希腊胜利女神（Winged Victory）。

罗得岛的拳击英雄皮索多罗斯（Pisodorus）在男子拳击比赛中获胜，但他却深陷舆论旋涡，因为当时有人发现他的教练是一名女性——他的母亲，她勉强逃脱了因为参与奥运会而被处决的惩罚。

公元前 564 年　　公元前 458 年　　公元前 430 年　　公元前 416 年　　公元前 388 年

当地建筑师利邦（Libon）设计的宙斯神庙完工，神庙由打败邻近城邦所得的战利品支付建造，装饰着珀罗普斯、阿波罗和赫拉克勒斯的雕塑。

雅典的阿尔西比亚德斯把奥运会当作个人炫富的舞台，他用7支战车队参赛创下此赛事纪录，赛后他邀请所有观众参加宴会。

尼禄在竞技场附近建造了一座宫殿和凯旋门，尽管由于摔倒未能完成比赛，但他还是"赢得了"十马战车比赛。

宙斯的雕像于390年被移至君士坦丁堡的贵族宫殿，后被大火焚毁，但是它的形象让拜占庭艺术家获得了创造上帝面孔的灵感。

67 年　　391 年　　462 年　　1896 年

基督教此时是罗马帝国的国教。狄奥多西大帝禁止所有异教崇拜，但奥林匹克运动会却以某种形式持续到了425年。

受古代奥运会、英国公立学校和什罗普郡的马奇温洛克奥运会（Shropshire's Much Wenlock Olympics）的启发，皮埃尔·德·顾拜旦在雅典组织了第一届现代奥运会。希腊人斯皮罗斯·路易斯（Spyros Louis）赢得了马拉松比赛。

古代奥林匹克运动员

认识一些来自古代世界最成功的奥运选手

凯瑟琳·马什

克罗顿的米洛
约公元前600年—前500年

他力大无穷,至今他的名字仍如雷贯耳,个中原因不言而喻。米洛来自意大利南部古希腊殖民地,是古时候最负盛名的摔跤手之一。他共参加过6届奥运会、7届皮提亚运动会和其他希腊民族运动会上的摔跤比赛,每次比赛都荣膺桂冠。据说,从一头小牛出生到长成壮年,他每天都要抱着它进行训练。

斯巴达的基尼斯卡（Kyniska）
公元前396年和公元前392年

基尼斯卡是斯巴达公主，有幸成为有史以来第一位在奥运会上获胜的女性，这要归功于一个小小的规定——被加冕为胜利者的是驯马师，而不是车夫。事实上，基尼斯卡曾两次赢得四马战车比赛。在奥林匹亚曾竖立了两座纪念碑来纪念她的胜利。身为女性，基尼斯卡不被允许参加颁奖典礼和整个节日，但她的胜利纪念碑上写着："我宣布，我是全希腊唯一一位获此桂冠的女性。"

阿尔西诺伊（Arsinoë）
公元前272年

虽然斯巴达的基尼斯卡是第一位在奥运会上获胜的女性，但她并不是古代唯一的女性获胜者。根据古希腊诗人波西迪普斯（Posidippus）的说法，另一位皇室成员——这次是埃及女王——在公元前272年举行的三场战车比赛中排名第一。她叫阿尔西诺伊二世，是被希腊文明同化的埃及开创者托勒密一世索特（Ptolemy I Soter）的女儿。事实上，托勒密王朝（Ptolemy dynasty）的许多埃及女王都赢得过战车比赛桂冠。

萨索斯岛（Thasos）的忒阿根尼（Theagenes）

公元前480年、公元前476年

忒阿根尼将目光锁定了第75届古代奥林匹克运动会的奖项：他想赢得拳击和古希腊式搏击比赛。他获胜概率很大，因为他9岁时就曾把一尊青铜雕像拔离底座，并把它扛回了家。他赢得了对阵尤西莫斯（Euthymos）的拳击比赛，但当他去参加搏击比赛时，裁判对他处以罚款，并指责他参加拳击比赛只是为了故意伤害尤西莫斯。

瓦拉兹达特（Varazdat）

约360年

瓦拉兹达特可能是亚美尼亚国王，但这并没有阻止他参加奥运会并获胜。他荣膺不戴拳击手套的拳击比赛（或称格斗）桂冠，是古代奥运会最后一批参赛者之一，因为后来奥运会被狄奥多西大帝废除了。尽管如此，瓦拉兹达特的胜利还是让他在古代世界获得了荣耀，尽管他不是第一位参加比赛的亚美尼亚国王——这个荣誉属于国王特尔达特三世阿尔沙库诺（King Trdat III Arshakuno），他在281年第265届古代奥运会上赢得了摔跤比赛冠军。

马其顿的腓力二世
公元前356年、公元前352年、公元前348年等

据说，公元前356年，马其顿腓力二世的儿子亚历山大大帝出生的当天，他的战车在平地赛跑中获胜。不过，这并不是腓力二世唯一的胜利。在多次奥林匹克运动会上，他都卫冕四马战车比赛的冠军，这是古希腊最负盛名的比赛项目。

阿尔西比亚德斯

公元前416年

当时也许正逢伯罗奔尼撒战争,但雅典将军阿尔西比亚德斯仍然抽出时间参加了奥运会的四马战车比赛并获胜。他参加了7次四马战车比赛,分别取得了第一、第二、第四的好成绩,这是前人未曾实现的壮举。他让艺术家为他作画并制作雕塑,并要求欧里庇得斯(Euripides)谱写一首胜利颂歌。他在多场比赛中获胜让他在政治上顺风顺水,但后来他利欲熏心、官场失利,不得不逃往斯巴达,而后逃往波斯,并于公元前404年在那里被杀身亡。

尼禄皇帝
67年

尼禄并非一般的奥运选手。由于皇帝被禁止参赛,所以他改变了规则,甚至增加了表演、唱歌、弹琴和吹小号比赛等艺术活动。奥运会是一项神圣的盛事,皇帝不应该一时兴起肆意妄为。他还参加了四马战车比赛甚至多至十马的战车比赛,其行为致使群情激愤。他的战车在转弯时失控,令他险些丢了性命,但他还是获得了冠军。罗马帝国公众对他的行为深感不满,有人在首都策划对他实施暗杀,他不得不在节日结束前返回罗马。

罗得岛的列奥尼达斯
公元前164年—前152年

在连续4届奥林匹克运动会上,罗得岛的列奥尼达斯在3个项目中都取得了胜利:场地跑、折返跑和重装步兵赛跑。他总共获得了12个奥运会冠军——他是古代冠军纪录保持者。列奥尼达斯的职业生涯当然也不短,4届奥运会意味着他的职业生涯至少跨越了16年,他参加最后一届奥运会时已经36岁。

现代奥林匹克的诞生

1896 年奥运会重启,万众一心齐聚雅典

斯科特·里夫斯

大约8万名观众参加了开幕式,希腊皇室在开幕式上欢迎各国参赛者

詹姆斯·康诺利（James Connolly）站在助跑道的尽头，盯着几米外的狭长赛道。这位美国人横渡大西洋，即将在距离家乡4500英里①外参加跳高和跳远比赛。美国队在比赛前一天才抵达雅典，当他们到达时，康诺利发现他的名字出现在一项田赛名下，这个比赛由单脚跳、跨步跳和跳跃三部分组成——后来被称为三级跳远——这是一项在美国很少见的体育项目。

每个参赛者只有一次获胜机会。康诺利是第七位也是最后一位出场的。法国选手亚历山大·塔菲里（Alexandre Tufferi）首开纪录，成绩是12.70米，他必须超越这个距离，这个波士顿人沿着助跑道奋力奔跑然后腾空起跳。

单脚跳、跨步跳和跳跃的动作规则允许运动员使用不同的技巧。塔菲里首先做了一个标准的起跳，然后用另一只脚完成跨步跳，最后完成了跳跃的动作。第二个跳远运动员是来自希腊的扬尼斯·佩尔萨基斯（Ioannis Persakis），他采用了两次跨步跳和一次跳跃的方式。康诺利用右脚起跳了两次，然后双脚着地落在沙坑里。

康诺利焦急地等待着裁判们测量他的跳跃长度。他自我感觉良好，但他能将金牌收入囊中吗？最终，裁判宣布了他的跳远距离——13.71米。康诺利的腾空飞跃使他成为自4世纪以来的第一位现代奥运冠军。

皮埃尔·德·顾拜旦目睹了他的法国老乡落入下风，位列第二，但私底下他一定对获胜者深感欣慰。作为现代奥运会的推动者，德·顾拜旦梦想着举办一个国际

▲ 詹姆斯·康诺利成为第一位现代奥运冠军，他斩获了三级跳金牌

当一位行程最远的运动员赢得第一场比赛时，他认为自己的努力是正确的。

① 1英里约为1.6093公里。

▲ 在100米决赛中，参赛者选择了不同的起跑姿势

体育节以促进世界和平。当一位行程最远的运动员赢得第一场比赛时，他认为自己的努力是正确的。

1863年，德·顾拜旦出生于巴黎。他成长于一个动荡的时代，在他年仅7岁时，他的祖国在普法战争中遭受重创。8岁时，他亲眼看见了巴黎公社起义席卷了自己的家乡。

由于学生时代曾饱受战乱和动荡之苦，德·顾拜旦对体育运动燃起了强烈的兴趣。他隔岸观望，看到英国公立学校非常重视体育和竞技比赛，认为这是英国在19世纪崛起的原因。他还如饥似渴地阅读了大量有关古代各国的历史著作，提出运动场馆是让19世纪的欧洲人迷恋希腊文明的一个重要因素。

德·顾拜旦的两个兴趣领域在他的脑海中合二为一，他想重振奥运会。神圣休战协议允许参赛者安全前往古希腊参加奥运会，受到这一思想的启发，他认为体育比赛可以促进友好合作与世界和平。

复兴奥运会并非新鲜事物，英国、法国、希腊和瑞典也做过类似的尝试。但正如古代奥运会仅限于希腊运动员参赛一样，后来的尝试也都没有突破国界局限。德·顾拜旦拥有更崇高的国际目标。1889年，他寻求支持以实现梦想。

一位热心人士写信给德·顾拜旦表示愿意全力支持，他就是威廉·彭尼·布鲁克斯（William Penny Brookes）。布鲁克斯比顾拜旦年长50多岁，一生都在努力改善什罗普郡马奇温洛克小镇居民的生活条

奥运会开拓者

这些复兴奥运会的早期尝试为现代奥运会奠定了基础

科茨沃尔德（Cotswold）奥运会

英格兰 1612—1642 年、约 1660—1852 年、1963 年至今

400 年前，来自奇平卡姆登（Chipping Campden）的律师罗伯特·多佛（Robert Dover）首次在当地组织了体育节。早期的赛事包括跑步、摔跤和剑术。到了现代，比赛发展成了一些妙趣横生的运动形式，如拔河、踢腿和一种被称为德维尔-弗隆金的舞蹈（dwile-flonking，一边跳舞一边左躲右闪，灵巧避开对方扔出的用啤酒浸湿的布）。

拉姆洛萨（Ramlosa）奥运会

瑞典 1834 年和 1836 年

击剑大师古斯塔夫·约翰·沙尔陶（Gustaf Johan Schartau）在拉姆洛萨附近的赛马场举办了一场比赛，比赛项目包括跑步、摔跤、攀岩和体操。然而，沙尔陶并不擅长组织比赛。比赛秩序混乱，招致诟病，主要是因为观众随意出入赛场，运动员受到干扰。

法兰西共和国奥运会

法国 1796—1798 年

为了庆祝法国大革命胜利，法国举办了短短几天的年度庆典。查尔斯-吉尔伯特·罗姆（Charles-Gilbert Romme）将人们的梦想点燃，多达 30 万巴黎民众涌向战神广场观看跑步、摔跤、战车比赛和马术比赛。不幸的是，罗姆自己却未能到场——他在 1795 年 6 月在断头台上惨遭厄运。

扎帕斯奥运会

希腊 1859 年、1870 年和 1875 年

由商人埃万杰洛斯·扎帕斯（Evangelos Zappas）资助的泛希腊奥运会主要限于希腊选手参赛，这是 1896 年奥运会的试验场。扎帕斯去世后，曾在帕那辛纳克体育场举行了两届奥运会，设有受古代奥运会启发的项目，包括跑步、铁饼、标枪、摔跤和爬杆。

温洛克奥运会

英国 1850 年至今

什罗普郡医生威廉·彭尼·布鲁克斯在他的家乡马奇温洛克举行了体育节，后来这个体育节扩大到了整个什罗普郡。1866 年英国举办了短暂的全国奥林匹克运动会。皮埃尔·德·顾拜旦就是受到了 1890 年温洛克运动会的启发，因此他提名布鲁克斯为国际奥委会荣誉委员。

▲ 罗伯特·加勒特（Robert Garrett）在铁饼和铅球比赛中名列前茅，使美国风光无限，荣登奥运会奖牌排行榜榜首

件。自 1850 年以来，该镇每年都会举办奥林匹克节，赛事包括田径、自行车和团体运动，以及一些趣味活动，如老年女子比赛和蒙眼独轮车比赛。

　　布鲁克斯曾试图扩大温洛克奥运会的规模并在更大的范围内举行比赛，但他设想的全国运动会最终未能如愿。当德·顾拜旦同样希望举办惠及更多人的奥运会时，布鲁克斯向这位年轻的梦想家提供了全力支持。德·顾拜旦观看了 1890 年的温洛克奥运会，并利用布鲁克斯结交的朋友圈，于 1894 年在巴黎安排了一次志同道合的奥运爱好者参加的会议。

大会同意恢复奥运会，并成立国际奥委会来监督奥运会的执行情况。德·顾拜旦本来希望巴黎在1900年举办第一届现代奥运会，来呼应巴黎世博会，但他的同事劝说他趁热打铁，于是两年后即1896年奥运会将重新登上历史舞台。

雅典被选为主办城市，因为人们公认希腊是奥运会的精神家园。德·顾拜旦让位给德米特里奥斯·维克拉斯（Demetrios Vikelas），让希腊人担任国际奥委会第一任主席，领导奥运会的筹备工作。

筹备期只有两年的时间，预算很快就捉襟见肘——许多后来的主办城市都难逃此运——维克拉斯获得了康斯坦丁王储（Crown Prince Constantine）的支持，这给公众带来了灵感，人们开始纷纷寻求富商的财力支持。商业银行家乔治·阿维罗夫（George Averoff）同意资助修复帕那辛纳克体育场，这里曾是19世纪初发掘的一个古老赛马场。

◀ 1896年奥运会设置了6项自行车赛事，法国人保罗·马松（Paul Masson）在同一天斩获了其中的3项冠军

▲ 汹涌的人潮抵达希腊雅典体育场。这个曾经用于古代奥林匹克运动会的体育场，后来被完全修复

体育场已经万事俱备，只等 1896 年 4 月 6 日举行开幕式——在希腊历法中为 3 月 25 日，因为希腊保留了旧的儒略历（Julian calendar）。由于没有搞清比赛开始日期，美国队几乎是在开幕式前才赶到，因此他们的运动员几乎没有机会做准备。

参赛者聚集在帕那辛纳克体育场内，按国家分组列队。此届奥运选手的确切人数尚无定论，比较可靠的数字是共有来自 14 个国家的 241 名参赛者。康斯坦丁王储发表了讲话，随后他的父亲国王乔治一世庄严宣布奥运会开幕。

比赛立即开始。首先是 100 米的三场预赛。由于帕那辛纳克体育场跑道上有急转弯且地面也不够夯实，选手们的跑步速度相对较慢。美国选手托马斯·伯克（Thomas Burke）以 11.8 秒的成绩成为 100 米预赛中最快的选手，而当时的世界纪录是 10.8 秒。伯克继而赢得了 100 米决赛，并在 400 米比赛中获得了第二个冠军。大多数参赛选手选择在起跑线站立起跑，而他与众不同地采用了蹲下起跑。

在接下来的几天里，人们的注意力从体育场转移到了其他比赛场地。游泳比赛的单日比赛明星是年仅 18 岁的匈牙利学生阿尔弗雷德·哈约什（Alfred Hajos）。他 13 岁才学会游泳，此前他的父亲在多瑙河溺水身亡，但他很快就发现自己掌握了水

> 观众热切地等待着第一个跑进帕那辛纳克体育场的运动员。

中快速游动的诀窍。

哈约什在100米自由泳比赛中劈波斩浪，以不到1秒的优势领先奥托·赫施曼（Otto Herschmann）。随后，哈约什擦干身体并热身，全力奋战1200米自由泳。

长距离游泳运动员乘船出海，从海上指定位置游到岸边就是他们比赛的距离。哈约什在身上涂了一层厚厚的油脂，但这对于抵御刺骨的寒冷几乎毫无用处。9名强壮的游泳运动员在4米高的海浪中劈波斩浪。哈约什以2分40秒的优势轻松夺冠，赛后他坦言，他能取得胜利纯粹是出于"求生的意志"。

哈约什希望在500米自由泳中赢得第三场胜利，但这场比赛夹在其他比赛中间，他觉得自己没有足够的时间做准备。他没有机会参加第四场比赛，因为那场比赛只对希腊皇家海军的水手开放，只有3名游泳运动员冒险参赛。

哈约什是1896年奥运会上最成功的游泳运动员，但总体来看，本届奥运会最有实力的当数德国的卡尔·舒曼（Carl Schuhmann）。在奥运会的前三天，他已经参加了三级跳远、跳远、铅球和举重比赛，然后他又与德国体操队的其他11名成员一起参加了体操比赛。舒曼帮助他的国家在团体单杠和团体双杠中名列前茅。他还获得了个人跳马的最高分，荣膺此赛事奥运冠军。

但舒曼的成绩还不止于此。他还参加了摔跤比赛，这是一项没有区分重量级的比赛。和舒曼一样，大多数参赛者在参加完其他比赛后将摔跤视为补充赛事。舒曼击败了举重冠军朗塞斯顿·埃利奥特（Launceston Elliot），然后在决赛中战胜了希腊摔跤能手乔治奥斯·齐塔斯（Georgios Tsitas）。

由于没有时间限制，舒曼希望通过持久战让他的大块头对手筋疲力尽。经过40分钟的激烈角逐，夜幕降临了，两名决赛选手被告知第二天再战。比赛重新开始15分钟后，舒曼一举夺冠，技惊全场。极具天赋的舒曼荣膺四冠王，被国王乔治一世称为该国最受欢迎的人。

▲ 卡尔·舒曼以4个冠军的辉煌战绩从雅典荣归故里，成为该届获得最多冠军的选手

国王虽出于好意，但却事与愿违。谁是奥运会结束时希腊最受欢迎的人呢？毫无疑问，当然是斯皮里顿·路易斯（Spyridon Louis）。这位希腊送水工赢得了马拉松比赛，这是一场专门为重生的奥运会而设计的比赛。信使斐迪庇第斯跑到雅典宣布马拉松战役的胜利喜讯后随即倒地而死，受到他的故事的启发，40公里的公路赛设计了同样的传奇路线。

比赛的前半段，法国的阿尔宾·勒穆西奥（Albin Lermusiaux）、澳大利亚的埃德温·弗拉克（Edwin Flack）和美国的亚瑟·布莱克（Arthur Blake）一路领先。在1500米比赛中，这3名选手同样位列前三。他们习惯了短跑，刚开始起跑得太快了，后来3人在中途都退出了比赛。路易斯的方法比较谨慎。他稍事休息补充体力（有人说他喝了一杯酒），然后自信满满地说他一定会赶上跑在前面的选手。

观众热切地等待着第一位跑进帕那辛纳克体育场的运动员。田径项目尚没有产生一名希腊冠军，所以当路易斯第一个跑进赛场时，观众立刻爆发出热烈的欢呼声。康斯坦丁王储和乔治国王与他一起绕着赛道跑了一圈，然后路易斯以2小时58分50秒的成绩冲过了终点线。

7分多钟过后，第二名选手查里劳斯·瓦西拉科斯（Charilaos Vasilakos）也冲过终点。获奖者全部为希腊运动员。但在匈牙利代表团指出斯皮里顿·贝洛卡斯（Spyridon Belokas）乘坐马车完成了部分路线后，裁判最终取消了他第三名的

▲ 皮埃尔·德·顾拜旦是现代奥运会的推动者，他决心将其打造成国际盛事

成绩。

在闭幕式上，路易斯有幸带领所有参赛者荣誉绕场一周（lap of honour）以示庆祝。在为期8天的比赛中，有43名不同赛事的获胜者，直到奥运会结束时，新的冠军们才能获得奖品。国王乔治一世向每位冠军颁发了1枚银牌、1根橄榄枝和1张证书；亚军获得1枚铜牌、1个月桂花冠和1张证书；季军则一无所获。

本届奥运会与当今奥运会还有一些不同之处，即当时没有女性参赛者。德·顾拜旦反对女性参加奥运会，他将女性运动描述为"不切实际、毫无生趣、缺乏美感，

国际奥委会

国际奥委会最初只有几个成员，现在已经成长为一个强大的组织

皮埃尔·德·顾拜旦于 1894 年抵达巴黎索邦（Sorbonne）大学，他对国际体育节的愿景打动了听众，首届奥林匹克大会同意复兴奥林匹克运动，并选择雅典作为第一个东道主于 1896 年举办奥运会。

国际奥林匹克委员会（IOC）负责监督奥林匹克运动。第一届国际奥委会有来自 11 个国家的 15 名成员（英国、法国和意大利有 2 名成员），由德米特里奥斯·维克拉斯担任主席。最初的设想是主席每 4 年更换一次，由下届东道国的一名成员接任。然而，德·顾拜旦很快就将这条规则抛诸脑后，从 1900 年巴黎奥运会后他一直担任奥委会主席，直到 1925 年才卸任。迄今为止，已有 9 人担任该职。

现在的国际奥委会有 100 多名成员，每个成员都必须说英语或法语，下设 30 多个分支机构分管不同事务，并向奥委会汇报工作。然而，随着国际奥委会和奥运会的发展，腐败问题也随之滋生。有几届奥运会的举办城市一直备受争议，因为有报道称，国际奥委会委员行使投票权时收受贿赂，特别是 2002 年盐湖城冬季奥运会。

▲ 1896 年，国际奥委会只有男性成员，第一届奥运会也不允许女性参加

▲ 列奥尼达斯·皮尔戈斯（Leonidas Pyrgos）赢得花剑大师赛冠军，成为希腊首位现代奥运冠军

甚至可以大胆地加上一句——完全错误"。一位名叫斯塔玛塔·瑞维提（Stamata Revithi）的希腊女子非常想参加马拉松比赛，但组织者禁止她参赛。结果，瑞维提在比赛后的第二天沿着马拉松路线跑完了全程，用时5个半小时。

本届奥运会网球男子单打冠军是约翰·伯兰德（John Boland），当时他碰巧在雅典拜访一位朋友。由于没有世界顶尖的网球运动员出席，许多非专业网球手被拉来凑数，博兰德的竞争对手包括举重运动员、投锤运动员和跑步运动员。

参赛者还要遵守一条规则：所有人都应该是业余运动员。长跑运动员卡洛·艾罗迪（Carlo Airoldi）从米兰步行前往雅典，意大利一家杂志记录了他为期28天的旅程，但由于他在职业生涯早期曾接受过奖金，因此他被取消了参赛资格。唯一的

例外是在击剑赛场上，击剑教练可以参加大师花剑比赛，这项赛事为希腊带来了第一个现代奥运会冠军。

路途最遥远的美国以11个冠军荣登奖牌榜榜首，希腊最终以10个冠军位列第二名，这让乔治一世喜笑颜开。希腊国王已经完全接受了奥运梦想，他在庆祝宴会上明确表示，他认为未来的奥运会应该继续在雅典举行。

德·顾拜旦却不以为然。推动奥运会的信念是比赛要在不同城市轮流举办，而不是停留在一个固定地点。德·顾拜旦赢得了这场争论，并接任国际奥委会主席。下一届奥运会将在他的家乡巴黎举行。

第一届现代奥运会无疑取得了成功，但德·顾拜旦倡导的体育盛会仍前路坎坷。

1960年意大利罗马奥运会期间,运动员们在古罗马斗兽场(Colosseum)前奔跑。这届奥运会是南非在种族隔离制度(Apartheid)下最后一次参加奥运会,也是新加坡脱离英国独立后第一次在自己的国旗下参加奥运会。

女性与奥运会

数年争取，一路渴望，现代女性终进奥运赛场

比·金杰

1928年2月在瑞士圣莫里茨（St Moritz）举行的冬季奥运会女子花样滑冰比赛选手。左起第七位是挪威人索尼娅·赫尼（Sonja Henie），她一举夺冠

奥林匹克运动会是发源于古希腊的体育盛事，从公元前776年到393年，每4年举办一次，仅限男性参加。参赛者不仅要体格强健，还要出身贵族。那个年代，"妇女"于情于理都不受雅典民主庇护。相夫教子、料理家事才是妇人本分。那时女人甚至不算公民，更别提获准参加奥运会了。不过，有些人反而因此长舒一口气，因为不管是参赛者还是教练员，只要参与赛事，必须一丝不挂。

古希腊女性既无政治权利，也无法律权利。哲学家亚里士多德甚至认为女性"毫无用处，甚至比敌人还麻烦"。彼时奥运会禁止女性参赛，更多的是出于政治和宗教的双重考量。在伊利斯城邦首次举办盛会时，政府就颁布了法令：如有女人现身赛场，那就把她"从泰帕厄姆山（Mount Typaeum）上扔到山下滚滚河流里去"。

话虽如此，尽管受到种种限制与威胁，古希腊女性还是可以参加某些运动会的，比如赫拉运动会，意在致敬女神赫拉——奥林匹亚众神之王宙斯的妻子。这些比赛后来在伊利斯城邦奥林匹克体育场举行，

◀ 1926年哥德堡女子世界运动会闭幕式上，一名英国运动员接受古斯塔夫五世（Gustaf V）颁发的特别奖

▲ 日本选手人见娟枝（左二）冲过终点线，夺得 1928 年阿姆斯特丹奥运会女子 100 米资格赛冠军

米利亚特孜孜不倦，推动更多女子项目纳入奥运。

是首批官办女子体育竞技赛事。起初只有跑步比赛，获胜者将被授予橄榄叶编织的头冠，也会被赐予献给赫拉的祭肉，还获准将个人姓名刻到赫拉神庙的柱子上。当时只有年轻的未婚女子才能参赛。

随着奥运会的发展，逐步放开了对女性参赛的限制，基尼斯卡的传奇故事也证实了这一点。基尼斯卡出生于公元前440年，是斯巴达国王阿奇达穆斯二世（Archidamus II）的女儿，精于骑术，渴望参加奥运会，更渴望自己能技冠全场。这一时期的参赛规则已略微放宽，允许女性作为驯马师参赛。在哥哥阿格西劳斯二世（Agesilaus II）的鼓励下，基尼斯卡于公元前396年和公元前392年在四马战车比赛中两夺桂冠，成为首位奥运会女子冠军，还在奥林匹亚宙斯神庙为她设立了青铜雕像。基尼斯卡夺冠对于古希腊女性产生了巨大的影响，激励了蒂玛雷塔（Timareta）、卡西亚（Cassia）、欧里利奥尼斯（Euryleonis）等后辈运动员奋勇争先，续写战车胜绩。

▶索尼娅·赫尼在 1932 年普莱西德湖（Lake Placid）冬奥会上赢得女单金牌

鼓舞人心的索尼娅·赫妮

女子单人花样滑冰运动员、奥运会冠军、好莱坞影星

索尼娅·赫妮曾在女子单人花样滑冰赛场名噪一时。赫妮出生于挪威奥斯陆，10 岁开始接触花样滑冰，次年就参加了 1924 年冬季奥运会。人们都说没有第二个人能像赫妮那样让人眼波紧随、心旌荡漾。她连夺 10 次世界锦标赛冠军，6 次位列欧洲锦标赛榜首，更在 1928 年、1932 年、1936 年 3 次蝉联奥运冠军。1928 年在瑞士圣莫里茨夺冠那届，7 位裁判有 6 位打出最高分，接下来的 1932 年更是全票问鼎。赫妮不仅展现了花样滑冰的独特魅力，还推动该项运动在体育世界确立了一席之地，她创造的纪录至今无人企及。

1936 年，赫妮宣布退出竞技滑冰，转而投身职业滑冰，后来，她接到亚瑟·维尔茨（Arthur Wirtz）的电话，他是芝加哥公牛队（the Chicago Bulls）、芝加哥黑鹰队（the Chicago Black Hawks）和芝加哥体育馆老板，他力邀其策划花样滑冰表演，这也是赫妮的心愿。数周后赫妮便开始了巡回演出，她的电影事业也由此起航。当好莱坞致电赫妮时，她说："我想（在大荧幕上）滑翔，正如弗雷德·阿斯泰尔（Fred Astaire）在荧幕上翩翩起舞一样。"在其荧幕生涯巅峰时期，赫妮是好莱坞收入最高的女演员之一，但最深入人心的，还是她在冰面舞就的卓越成就。

关于奥运起源，众说纷纭，莫衷一是。一种说法是，举办这些赛事是为了化解古希腊西部的比萨城和伊利斯城之间的紧张局势。人们从伯罗奔尼撒各州选出16名年长女性（每州1名），共同为赫拉编织长袍，这个活动每4年举办一次，并同时举办运动盛会，以彰和平。

古希腊社会发生了什么导致男性和女性分开举办运动会？历史学家迄无定论。也许，古罗马对于希腊半岛的影响越来越大是原因之一。在古罗马，出身贵族和富裕人家的女子可以自由参与男子体育比赛。赫拉运动会的参赛者大多来自斯巴达城似乎在情理之中，因为与其他希腊城邦不同，斯巴达人非常鼓励女性和男性一样参加体育活动，他们相信运动能让女性生出健康强壮的后代。

19世纪末，现代奥林匹克运动会的发起者、现代奥林匹克运动之父、法国男爵皮埃尔·德·顾拜旦提出恢复并重启奥林匹克运动会。他希望奥林匹克展现男子气概，而非女性博弈，他力挺古希腊的做法，性别立场非常鲜明，认为女性从生理构造到社会职能都不适合运动竞技。因而，1896年的希腊奥运会仅限男性运动员参加。

然而，尽管仍存在性别偏见，1900年第二届奥运会在巴黎举办时，女性还是能以非正式身份参赛的。当然了，仅限参加那些被认为与"柔弱特质"和女性气质相符的项目，田径比赛自然不在其中。当时共有22名女子运动员参加了网球、槌球、

▲ 赫拉是奥林匹亚众神的女王。首届官方女子体育比赛，即古老的赫拉运动会，就是献给她的

高尔夫、帆船和马术比赛。1908年伦敦奥运会又增设了女子滑冰、射箭和水上摩托项目。但若想让女性真正实现参赛自由，不限赛项，就必须靠真正有影响力的人物来推动。

爱丽丝·米利亚特（Alice Milliat）适时闪亮登场了，她激情洋溢，既擅长赛艇和游泳又精通足球和篮球等运动项目。她坚信体育界应对男女一视同仁。米利亚特

于1919年担任法国女性体育协会联合会（the Fédération des sociétés féminines sportives de France, FSFSF）主席。她于1922年创立了女子奥林匹克运动会，让古老的赫拉运动会重焕生机。这项赛事每4年举行一次，直到1934年停止。米利亚特并未因自己在推动女子运动方面取得的成就而沾沾自喜，而是孜孜不倦地推动更多的女子项目纳入奥运会。她激发了法国女子对足球的热情，再加上她出色的组织能力，促成法国建立了一个女子冠军联盟。米利亚特还在英法两国定期轮流举行国际比赛。

首届由米利亚特创立的女子奥林匹克运动会在巴黎举行，参赛队伍来自法国、英国、瑞士、捷克斯洛伐克和美国。运动会吸引了两万名观众，共11个比赛项目，有18名运动员打破了世界纪录。然而，冠名"奥林匹克运动会"让国际奥委会心生不满，于是说服米利亚特及法国女性体育协会联合会将赛名改为"女子世界运动会"，但米利亚特提出的交换条件是，在1928年的奥运会新增10个女子项目。

这一历史进展得益于顾拜旦于1925年卸任国际奥委会主席，同时赶上了苏联无产阶级运动盛会——1928年在莫斯科举行的允许女性参赛的斯巴达克运动会（Spartiakade）。女子世界运动会赛程中又增设了其他一些项目，而且后来又举办了几届，直到1934年，法国女性体育协会联合会主席被迫将主办权移交给国际业余田径联合会（the International Amateur Athletic Federation, IAAF）。

1924年巴黎奥运会上，135名女性运动员获准正式参赛，写就了女子体育史上浓墨重彩的一笔。随后1928年田径比赛允许女性运动员参加，大大提升了女性的奥运参与度。从1928年直至1936年柏林奥运会，女性逐渐能够参加所有主要的奥运项目，全面参与成功在望。广大女性孜孜续力，在1948年伦敦奥运会上，荷兰运动员弗兰西娜·埃尔斯耶·布兰克斯-科恩（Francina Elsje Blankers-Koen）技惊四座，摘得4枚田径奖牌，获称"飞人主妇"。铁饼运动员米歇尔娜·奥斯特梅尔（Micheline Ostermeyer）也因投掷技术高超而声名鹊起。

女性的参与度渐渐提升，1968年墨西哥城奥运会上，诺玛·恩里克塔·巴西利奥·德·索特洛（Norma Enriqueta Basilio de Sotelo）成为第一位女性火炬手。后来，在2000年悉尼奥运会上，奥运圣火全由女性火炬手传递，以纪念女性参与奥运100周年。

到2012年伦敦奥运会，女性占到总参赛选手的45%，同时首次要求所有参赛国家队伍中至少有1名女性，并且首次将女子拳击纳入奥运比赛。

随着参与度的持续提升，女性获奖人数也不断增多，女运动员占比从1988年汉城奥运会的26.1%，大幅增至2016年里约奥运会的45.2%。2018年布宜诺斯艾利

▲ 1968年墨西哥城奥运会开幕式上，跨栏运动员、第一位点燃奥运圣火的女性诺玛·恩里克塔·巴西利奥·德·索特洛于持火炬

斯青年奥运会是首次男女数量大致相当的奥运会。

　　国际奥委会一直致力于为女性运动员创造更多机会，力求奥运中纳入更多女性参加的项目，自1991年起就要求新增奥运项目必须包含女性赛项。国际奥委会深知，每一次为女性运动员和女子体育事业提供的机会都会引发连锁反应，都是促进全球性别平等的契机。众望所归，2024年巴黎奥运会男女参赛人数达到了平衡。尽管过程坎坷，但女子体育事业未来会继续蓬勃发展，像科恩和奥斯特梅尔一样的女性也必将一如既往追逐梦想，登上盛大舞台，绽放耀眼荣光。

奥运史上最奇特的运动

从活鸽射击到轮滑曲棍球，探索曾经为奥运会赛程增光添彩的奇特项目

斯科特·里夫斯

游泳障碍赛
1900年

这项赛事听起来就趣味无穷，与巴黎奥运会的其他游泳项目一样，它也在塞纳河举行。游泳运动员必须完成200米游泳，同时克服三重障碍。首先，他们爬过一根杆子，从杆子上跳下水后再翻越一排船，然后需要在另一排船身下方潜水游过。

12名游泳运动员参加了此项赛事。三场四人预赛中，每场的前两名选手晋级，被预赛淘汰的前四名选手也会晋级十强决赛。大多数进入决赛的选手在第二轮比赛中都提高了成绩，因为他们找到了解决障碍的最佳方法。来自澳大利亚的弗雷德里克·莱恩（Frederick Lane）获得冠军，他采取了与许多游泳同伴不同的路线，在

▲ 弗雷德里克·莱恩打破了多项世界纪录，并赢得了奥运历史上唯一的障碍赛游泳冠军

意识到爬上船尾更容易后，他从船尾爬了过去。莱恩以2分38秒4的成绩夺冠，仅比他在200米非障碍自由泳比赛中的金牌成绩慢了13秒。

▲ 富可敌国的威斯敏斯特公爵驾驶着沃尔斯利－西德利号（Wolseley-Siddely），因途中遭遇恶劣天气而搁浅，未能完成公开赛阶段的比赛

1908年摩托艇公开赛冠军埃米尔·特布罗恩（Émile Thubron），出生于英国的达勒姆郡（County Durham），但他代表法国队参赛，因为他的船是在法国建造的。

摩托艇比赛
1908年

组织者在设想这个比赛时并没有从观众的角度出发。这项赛事只出现在一届奥运会上（1900年在巴黎曾作为示范赛），参赛选手需要在南安普敦附近海域的赛道上驾驶摩托艇航行五圈，比赛距离为40海里。几乎没有人能看到比赛动作，即使是那些能看到的人也可能没什么印象，因为其平均速度约为每小时19英里。

三个摩托艇比赛项目中，同一艘摩托艇斩获其中两项金牌。吉里努斯号（Gyrinius）是6米级和60英尺[1]级比赛的冠军，由造船师约翰·艾萨克·索尼克罗夫特爵士（Sir John Isaac Thornycroft）设计，他的儿子托马斯（Thomas）担任舵手。40多年后，在70岁高龄时，托马斯作为英国帆船队的一员重返奥运赛场，参加了赫尔辛基奥运会。

吉里努斯号之所以成功，主要是因为它能抵御恶劣天气。它是唯一完成两场比赛的摩托赛艇。公开赛中也仅有一艘赛艇完赛，这艘赛艇曾中途弃赛，第二天重返赛场。由于狂风大作和水手晕船，其余6场比赛被迫取消。自此，摩托艇比赛沉入了历史深渊，后来也鲜被提及。

---

[1] 1英尺为0.3038米。

◀ 1984年奥运会上，特蕾西·鲁伊斯在麦当劳奥林匹克游泳馆练习

单人花样游泳
1984—1992年

单人花样游泳在1984年洛杉矶奥运会上首次出现时并没有引起太大的轰动。这个赛事延续了3届奥运会，尽管批评者指出了一个根本问题：如果多人花样游泳是一项游泳运动员与他人协调一致的运动，那么单人花样游泳运动员究竟与谁同步？（答案是，游泳运动员的舞蹈应该与音乐同步，就像演绎水上芭蕾）。毫无疑问，这样一项运动的成功需要力量、柔韧性和耐力的完美结合。

只有女性才能参赛。1984年，特蕾西·鲁伊斯（Tracie Ruiz）代表美国夺冠，加拿大的卡罗琳·沃尔多（Carolyn Waldo）获得亚军；两位奖牌得主在1988年汉城奥运会的领奖台上将冠亚军互换。1992年稍显混乱，美国选手克里斯汀·巴布-斯普拉格（Kristen Babb-Sprague）领先加拿大选手西尔维·弗雷谢特（Sylvie Fréchette）获得第一名，但决赛比分看起来很奇怪，后来经过调查发现，一位裁判原本给弗雷谢特的分数是9.7分，但在电脑中错误地输成了8.7分。加拿大方面提出了申述，弗雷谢特的分数更新了，最终两位参赛选手都获得了金牌。

1996年，奥运会单人花样游泳被取消，取而代之的是八人团体赛；奥运会花样游泳仍然是女子专属项目。

爬绳

1896年、1900—1908年、1924年、1932年

提到爬绳，我们可能会想到一群身小体弱的小学生奋力挣扎向上攀爬，而体育老师站在绳子底下高声呐喊，但爬绳其实曾经是奥运会的一项体育赛事。组织者们可能无法就该活动是否有价值达成一致，因此这项赛事多次出没于奥运比赛赛程，直到1932年才最终销声匿迹。

在1896年第一届奥运会上，绳子长14米，5名爬绳者中只有2人爬到了顶点。评委根据爬绳姿势选出获胜者——参赛者必须从坐姿开始，保持双腿水平伸直，以确保他们只利用上半身力量向上攀爬。

在后来的奥运会上，参赛者需要爬绳的高度在7到10米之间，根据他们到达顶端所需的时间进行排名，通常只需几秒钟。

爬绳的鼎盛时期是在1924年，当时来自9个不同国家的70名体操运动员爬到了7.3米的最顶端。爬绳被纳入了个人和团体全能器械类比赛，因此吸引了众多运动员参赛。捷克斯洛伐克的选手贝德里奇·苏普西克（Bedrich Supcík）以最快的速度摘得1枚金牌，他获得的10分帮助他在个人全能比赛中获得铜牌。

▶首届奥运会上，爬绳项目的绳索是历届奥运会中最高的，只有两名选手爬到了最高处

马背体操

1920年

喜欢骑马吗？喜欢体操吗？为什么不将两者结合起来呢？这正是1920年安特卫普（Antwerp）奥运会上上演的一幕。

马背体操共有18名军官参赛。每个人都必须表演4种不同的动作。首先，他们要从侧面站立的位置跳到马背上，然后跳回原地，再从另一侧重复同样的动作。第二个动作是从马背上越过。第三个动作是用萨尔托（空中前滚翻）跳过马背，最后是在马行走时表演体操。

比利时代表队在奥林匹克体育场的主场观众面前表现出色，丹尼尔·布卡特（Daniel Bouckaert）以30.5分斩获金牌，路易斯·菲内特（Louis Finet）收获了铜牌；一个法国人摘得银牌，人们只知道他姓菲尔德（Field）。来自瑞典的5名选手实力较弱，排名垫底，但由于只有3个国家派出了参赛队伍，他们仍然在团体赛中获得了铜牌。

跳马仍然是一项马术运动，尽管现在它加入了更多编排动作，并融入了舞蹈元素。

◀马术运动长期以来一直是军人参与的赛事，这张照片拍摄于1952年

▶ 3名女选手在单打第一轮全部落败，只剩下男选手角逐冠军

槌球
1900年

　　槌球曾流行于英国户外花园，实际上这项运动只在1900年出现在了巴黎奥运会上，所有参赛者都是法国人。这项赛事并没有引起巨大轰动。加斯顿·奥莫伊特（Gaston Aumoitte）和乔治·乔欣（Georges Johin）参加了双打比赛，结果发现他们是唯一的一对组合，因此在奥运史上最轻松地拿走了金牌。唯一一个买票前来观战的观众做何感想，人们就不得而知了。他跋涉570英里，从尼斯来到巴黎，不得不说枉费了一番周折。

　　接下来的一周，10名球员参加了单打比赛，其中包括3名女性。双打冠军加斯顿·奥莫伊特在单打单球比赛中排名第一，而克雷蒂安·韦德利奇（Chrétien Waydelich）在单打双球比赛中夺得金牌。

　　槌球运动一败涂地，甚至连奥运会的官方报告都将其描述为一项"几乎没有任何运动竞技要求"的运动，但这并没有阻止组织者将与之类似的美式门球（roque）纳入4年后在圣路易斯举行的奥运会赛事。美式门球与槌球大同小异，只是比槌球表面更硬，比赛场地周围安装围栏，这样门球就可以像台球一样来回反弹。就像1900年一样，奥运会增设门球运动是增加东道主奖牌数量的捷径，因为只有美国球员参赛。

◀双人冲刺赛中，骑手们近身骑行，惨烈的撞车事故时有发生

1956年，苏联队和德国联合代表团在双人冲刺赛中发生碰撞，4名骑手中有3人被送往医院，最终两支车队并列倒数第一。

自行车双人冲刺赛（Cycling Tandem Sprint）

1908年、1920—1972年

2000米自行车双人冲刺赛曾经是奥运会自行车比赛的主要项目，在淘汰赛中，两对选手同时在赛道上一争高下，直到最后剩下两对选手（或者应该说是两组骑手？）进行巅峰对决，角逐金牌。双人冲刺赛是高速运动，因为两个骑手同时用力踩踏板产生的速度远远大于单个骑手的速度。

也许，奥运会上双人冲刺赛最激动人心的时刻当数澳大利亚组合莱昂内尔·考克斯（Lionel Cox）和罗素·莫克里奇（Russell Mockridge）的夺冠瞬间，尽管此前他们从未一起参加过比赛，但他们决定在1952年赫尔辛基奥运会中合作。考克斯和莫克里奇使用从英国队借来的串联自行车。在第一场热身赛中他们以微弱优势险胜，由于他们在最后的直道上有所放松，使得对手与他们的差距微乎其微，最后不得不通过摄影定胜负（photo finish）。在决赛中，考克斯和莫克里奇配合默契，击败了南非组合，惊喜夺金。

法国队和意大利队各获得3枚金牌，而英国队总是运气不佳，只获得4枚银牌。双人自行车冲刺赛在残奥会上依然活跃，视力正常的领骑员与盲人或视障选手一起骑行。

拔河比赛
1900—1920年

体重超标是拔河比赛的明显优势，这样的项目为数不多。拔河比赛由5人、6人或8人组成的团队拉绳子，另一方也做同样的动作。要想取胜，至少要将绳子向后移动6英尺；时间限制确保了运动员在筋疲力尽之前可以决定胜负。许多运动员需要保存体力以便参加其他项目，如投锤和橄榄球比赛。

第一届拔河比赛获胜者是由3名丹麦人和3名瑞典人组成的跨国团队。1904年，该比赛前4名被美国包揽，而在1908年，所有3枚奖牌均被英国收入囊中。1908年奥运会上，当利物浦警察穿着厚重的防滑带钉靴出现时，拔河比赛陷入了争议。警察们声称他们只是穿着常规警靴并已获准参赛，但他们却未能在金牌争夺赛中击败来自伦敦城市警察队的同胞。1920年奥运会后，拔河比赛被取消，身材魁梧的大力士发现自己只能在乡村宴会和教堂野餐时一展雄风了。

> 1900年，记者埃德加·阿贝（Edgar Aaybe）紧急接替了瑞典/丹麦联合拔河队的一名生病成员——他们后来获胜。

▲ 1920年后，拔河比赛等33个项目退出奥运赛事

活鸽射击

1900年

在20世纪初,使用黏土靶进行射击还是一个相对较新的想法,因此当1900年巴黎世博会的组织者决定举办一项射中飞行目标的比赛时,他们采用了传统的方式,即利用活鸽做靶子。

目标很简单:尽可能多地射中鸽子。参赛者必须付费才能参加下面两项赛事,即付20法郎参加百年大奖赛(Centenary Grand Prix)或200法郎参加博览会大奖赛(Exposition Grand Prix),并争夺奖金。如果参赛者射失两次,就会被淘汰出局。对于澳大利亚人唐纳德·麦金托什(Donald Mackintosh)来说,这几天进账颇丰,他在百年大奖赛中获得第一名,并在博览会大奖赛上获得并列第三名,前4名参赛者同意平分奖金。

近300只鸽子命丧枪下,赛后,射击场就像一个羽毛遍地、血流成河的屠宰场,放眼望去,令人深感不幸。这是唯一一次故意伤害动物的赛事,随后的奥运会再也没有出现过这样的项目,奥运历史学家悄悄地从官方奖牌记录中删除了活鸽射击这项比赛。

▲ 1900年,巴黎世博会与奥运会同时举行,人们分不清哪些参赛者是奥运选手,哪些不是

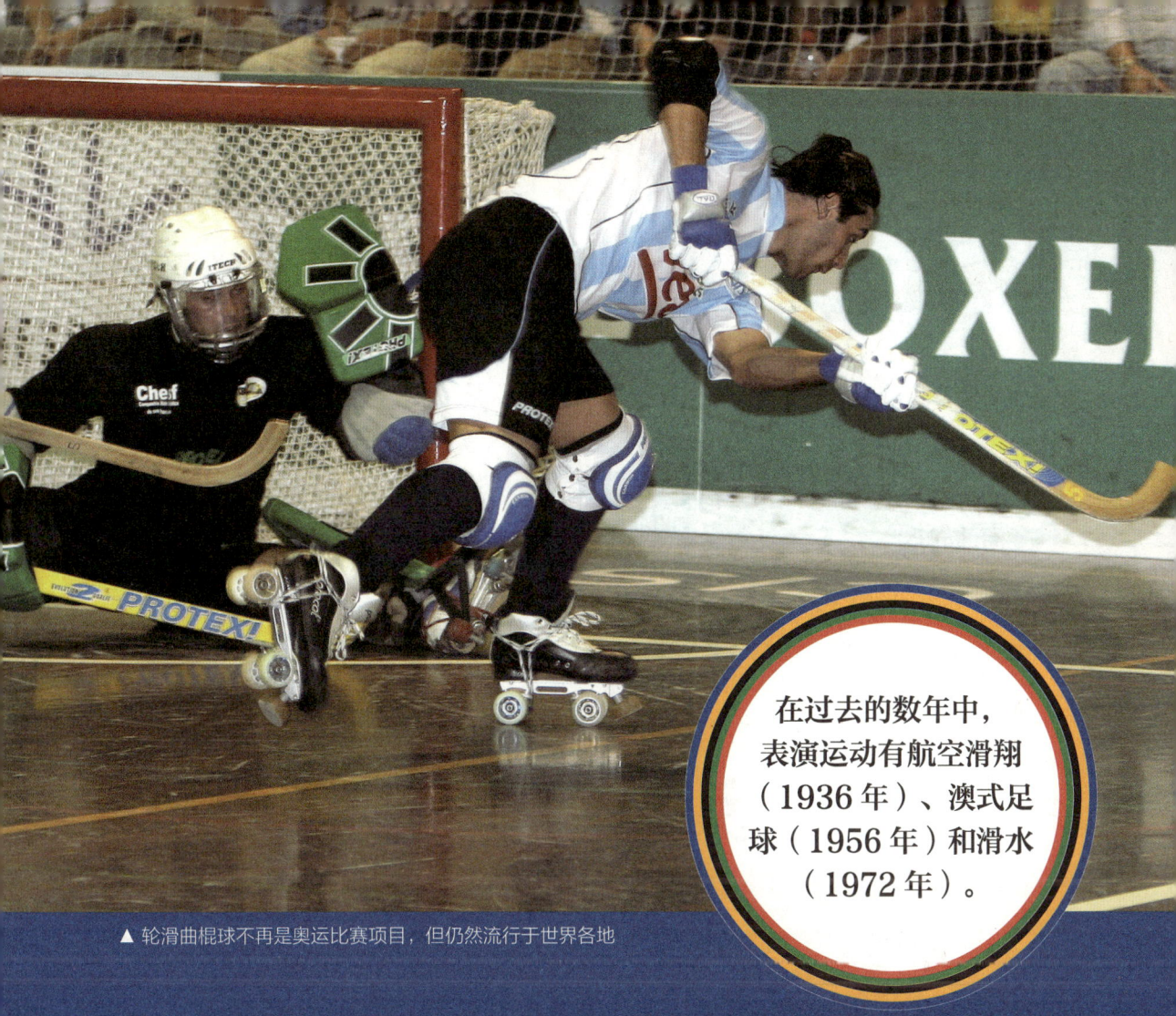

在过去的数年中,表演运动有航空滑翔（1936年）、澳式足球（1956年）和滑水（1972年）。

▲ 轮滑曲棍球不再是奥运比赛项目,但仍然流行于世界各地

轮滑曲棍球
1992年

轮滑曲棍球可能并不完全适合在这个名单上占有一席之地。它不是1992年巴塞罗那奥运会上的正式比赛项目,而只是一项表演运动,旨在提高人们对东道国流行运动的认识。尽管如此,它还是受到了追捧。五人团队穿着溜冰鞋在木制溜冰场上比赛,规则与冰球相似,但远不如冰球激烈。

12支球队分成两组,进行循环赛。可怜的日本队远渡重洋,却以总比分4比95的成绩输掉了所有比赛。卫冕世界冠军葡萄牙队在铜牌争夺赛中被意大利队击败。在决赛中,东道主西班牙队不敌阿根廷队,屈居亚军。

1992年以后,随着奥运会的规模越来越大,赛事越来越难以组织,轮滑曲棍球逐渐退出了奥运赛场。也许有一天它会作为正式赛事回归。曲棍球选手甚至可以在比赛结束时邀请球迷在溜冰场来上一段20世纪70年代风情的溜冰迪斯科。

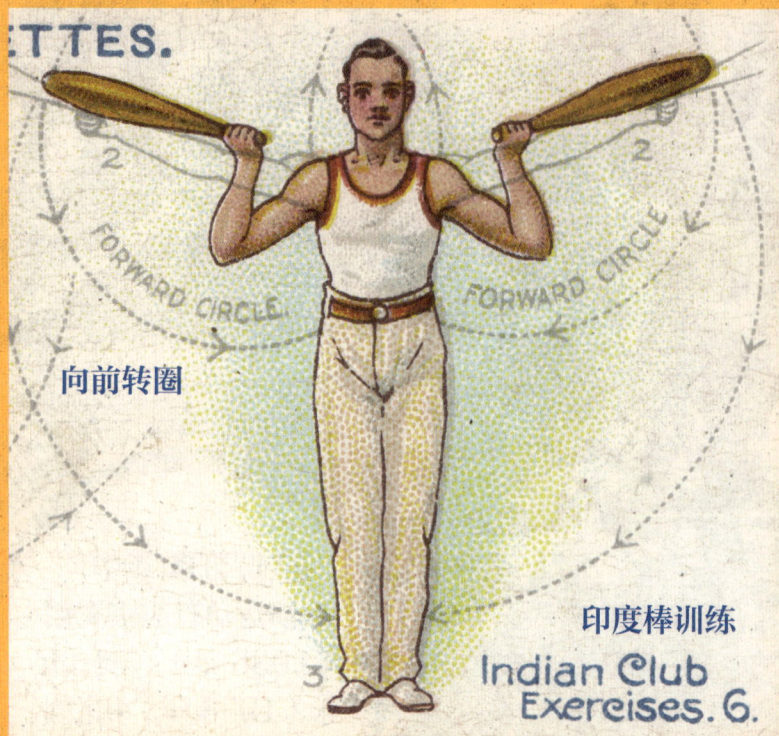

▲ 在伊朗，摔跤手仍使用印度棒进行训练，在那里它们被称为伊朗棒（meels）

向前转圈

印度棒训练

棍棒挥舞赛

1904年、1932年

美国人一定非常喜欢棍棒挥舞赛。这种奇特的体操项目只出现在两届奥运会上，都是在美国——1904年的圣路易斯和1932年的洛杉矶——而且两次登上领奖台的都是美国人。

参赛者在他们的头部和上半身玩转两个形如保龄球瓶的木棒，但与杂耍不同的是，木棒并不离手。精心编排的复杂套路堪称现代艺术体操的先驱，评委们以技术、速度和耐力作为评判标准。

棍棒挥舞赛的首位获胜者是爱德华·亨尼格（Edward Hennig），他在单杠比赛中也勇夺桂冠，在圣路易斯奥运会上摘得两枚金牌后凯旋。28年后，1932年奥运会以新名称"印度棒"重新将棍棒挥舞赛加入赛事。在大萧条最严重时期参赛的失业体操运动员乔治·罗斯（George Roth）回忆说，他曾经从奥运村偷走食物，带给他在东好莱坞的家人。在赢得"印度棒"金牌后，罗斯走出了奥林匹克体育场，然后搭便车回家。

沉重的木棒要求参赛者具有良好的手臂和上半身力量。说不定棍棒挥舞赛会成为世界各地健身课程和健身房的下一个健身时尚。

双手标枪
1912年

投掷标枪听起来很简单,对吧?对于奥运会组织者来说,这肯定不够复杂,因为他们在早期就试图让这项赛事活跃起来。首先,他们在1908年尝试了自由式标枪,允许运动员以任何他们想用的方式握住标枪。当埃里克·莱明(Eric Lemming)利用传统握姿夺冠之后,这个想法就被搁浅了。

4年后,赫尔辛基奥运会组织者尝试举办了一场双手投掷赛。运动员不是用双手同时投掷标枪,而是用右手尝试3次,再用左手尝试3次。据推测,当运动员用较弱的手臂投掷时,裁判们站得远远的。将每只手的最佳距离相加得出累积分数。前3名本来应该每人用左右手再投掷3次,但进入决赛的芬兰投掷者决定不改变现有的成绩。

朱利叶斯·萨里斯托(Julius Saaristo)以109.42米的总距离夺冠,这个成绩和目前单投世界纪录98.48米(新规格男子标枪)相比高不了多少。按照他常规右手投掷的距离61.00米,本来可以赢得标枪金牌,但那天他只投了58.66米,惜获银牌。

1912年奥运会还尝试举办了双手铁饼和双手铅球项目。

▲ 埃里克·莱明在1912年夏季奥运会上投掷标枪

▶英国冰壶队在法国霞慕尼冬奥会上

第一届冬奥会

作为夏季赛事的陪衬,寒冷季节举行的运动会
首次举办时还算不上官方正式的奥运会

爱德华多・阿尔伯特

这是一届名不副实的奥运会。1924年1月25日至2月5日,在法国霞慕尼(Chamonix)举行了第一届冬季奥运会,这其实算不上是真正的奥运会,而是参赛者正在参加"国际冬季运动周,这是第八届奥林匹克运动会庆祝活动的一部分"。这项活动取得了巨大的成功,因此国际奥委会(IOC)在1986年决定将夏季和冬季奥运会都列为单独的正式比赛,追溯性地将"国际冬季运动周"认定为第一届冬季奥运会。在1994年利勒哈默尔(Lillehammer)冬季奥运会以前,冬奥会和夏奥会都是在同一年举行。

▲ 加拿大冰球队

但是，在20世纪最初几十年中，还有一个冬季运动会似乎很有可能成为首屈一指的冬季体育盛事，那就是北欧运动会。迄今为止，夏季奥运会上的许多运动都起源于在古希腊举行的古代奥林匹克运动会：特别是田径、摔跤和拳击。但是，在希腊炎热的夏天举行的比赛显然不适合冬季运动（尤其是运动员参赛时需要赤身裸体）。但是，如果说夏季奥运会是起源于古希腊的运动，那么冬季运动的源头可以追溯到更久远的时代。最古老的溜冰鞋可以追溯到大约5000年前，它们的遗迹在斯堪的纳维亚半岛和俄罗斯北部被发现。考古学家认为，最早的溜冰鞋可能是在今天的芬兰

比赛在霞慕尼举行绝非偶然。

制造的。理由恰如其分,芬兰南部的湖泊面积比世界上其他任何地方都要大,而且冬天冰面会冻得结结实实。

凭借如此古老的冬季运动传统,斯堪的纳维亚人紧随国际奥委会之后,于1901年在斯德哥尔摩举办了第一届北欧运动会。北欧运动会很快被这些国家的泛北欧民族主义思想所影响。尽管挪威、瑞典、丹麦和芬兰在过去几个世纪中战争不断,但从19世纪后半叶开始,各国都重新饶有兴致地审视其久远的历史,这引发了各国共鸣,那就是北欧国家都有着辉煌的过去。北欧各国普遍认为,如今他们都以高尚的道德品质著称于世,只要他们不计前嫌、和平共处,未来必定灿烂辉煌。

北欧运动会既是这些想法的产物,也

▶霞慕尼冬季运动节的宣传海报。图片上方文字:巴黎－里昂－地中海;图片下方文字:致第八届奥林匹克竞赛的获胜者,霞慕尼勃朗峰酒店,1924年1月25日至2月5日

是其催化剂。北欧运动会旨在庆祝北欧各国的成就，这些国家自然要以北方气候所提供的天然条件来设计运动项目：滑雪、跳台滑雪、滑冰和冰球，这些比赛项目出现在现代冬奥运会并保留至今。然而，北欧运动会中有一些运动没有被纳入冬奥运，包括驯鹿拉雪橇、马拉钢架雪橇（钢架雪橇是一种精简的雪橇，看起来像赛道上的托盘）、站式雪橇（一种像滑板一样滑动的站立式雪橇）和普尔卡赛（狗拉雪橇，人站在滑雪板上滑行）。

第一次世界大战的爆发使原定于1916年举行的夏季奥运会被迫取消，因为大多数参赛选手都在战壕中奋勇杀敌，但中立的北欧各国仍然能够继续进行体育运动，1917年北欧运动会如期举行。1922年的北欧运动会也首次吸引了一大批非斯堪的纳维亚人，这股潮流已势不可挡。

1924年霞慕尼奥运会的成功举办，促使国际奥委会在1925年修改了章程，将冬季奥运会和夏季奥运会都纳入其中，且两项赛事将在同一年举行，尽管比赛场地不同。1926年继续举办了北欧运动会，但随后遭受了两次重创，再无东山再起之日。首先，在1928年，此项赛事的推动者瑞典人维克多·巴尔克（Viktor Balck）不幸离世；其次，原定于1930年举行的北欧运动会因雪量不足而被迫取消。斯堪的纳维亚选手已经参加了1928年在瑞士圣莫里茨举行的第二届冬季奥运会，他们的重心完全转移到了冬季奥运会上，导致北欧运动会高手缺席。冬奥会已举足轻重，奥运健儿不仅在茫茫的雪山和冰冻的湖泊上一争高下，也在跑道上和游泳池里相互角逐。

1924年霞慕尼运动会使冬奥会开始走上正轨。比赛在霞慕尼举行并非偶然：这个位于阿尔维山谷（Arve Valley）尽头、曾经难以到达的小教区早已蓄势待发。让霞慕尼从默默无闻中脱颖而出的是它得天独厚的阿尔卑斯山最高峰勃朗峰（Mont Blanc）的优美风景。理想的自然景观成为浪漫主义运动的重要组成部分，也使霞慕尼成为彼时富家子弟环欧旅行（Grand Tour）的自然驻足地。1786年8月8日，雅克·巴尔马特（Jacques Balmat）和米歇尔·帕卡德（Michel Paccard）首次登上勃朗峰，以霞慕尼为中心的攀登阿尔卑斯山的这项新运动，开始受到人们的追捧，后来登山运动流行到所有地区。

然而，随着浪漫主义的衰落和19世纪大众旅游的诞生，霞慕尼开始将自己重新定位为旅游目的地。1912年该地区成立了一个旅游委员会来专门推广其旅游资源，1921年，该小镇正式更名为霞慕尼-勃朗峰，表面上是为了防止与同名的其他地方混淆，但实际上是为了确保在人们的心目中该镇与这座山峰密不可分的关系。营销决策卓有成效：时至今日，霞慕尼仍然是阿尔卑斯山首屈一指的度假胜地之一，每年接待500万游客。

与后来的盛会相比，"国际冬季运动周"的开幕式显得有些过于"直入主题"：

参赛运动员在法国军乐队的带领下从霞慕尼直接前往溜冰场。来自16个国家的约250名运动员参加了16个项目的比赛。250名参赛者中，只有11名是女性，她们只能参加花样滑冰比赛。

开幕式后第二天举行的第一场比赛是500米速滑，美国人查尔斯·朱特劳（Charles Jewtraw）意外获胜。这项比赛的规则是两位选手同时比赛，选手们需要在400米的赛道上滑行一又四分之一圈，裁判记录他们的滑行时间，速度最快的选手获胜。朱特劳和另一位选手排在第15位出场，他最终以44秒的成绩夺得金牌。奥运会结束后，朱特劳退役了。他获得的金牌是冬奥会首金，现在美国史密森学会（the Smithsonian Institution）展出。

本届冬奥会最杰出的选手是芬兰人克拉斯·桑伯格（Clas Thunberg）。作为一名速滑运动员，他赢得了1500米、5000米和全能项目的金牌，以及1万米的银牌和500米的铜牌。在滑雪项目上，挪威选手索雷夫·豪格（Thorleif Haug）技压群雄，赢得了18公里和50公里越野赛以及一项源自北欧运动会的比赛项目的冠军，并在跳台滑雪比赛中获得第四名。豪格最初在跳台滑雪比赛中获得铜牌，一直到1934年去世，他一直都持有这枚铜牌。但在1974年，历史学家雅各布·瓦格（Jakob Vaage）发现，这项赛事在分数相加时出现了错误，豪格实际上排名第四，落后于美国人安德斯·豪根（Anders Haugen）0.095分。在核实了这一点后，国际奥委会修改了记录。1974年9月，时年86岁的安德斯·豪根从豪格最小的女儿安娜·玛丽亚·马格努森（Anna Maria Magnussen）手中接过了这枚铜牌。

另一位挪威选手雅各布·图林·塔姆斯（Jacob Tullin Thams）获得跳台滑雪项目的金牌，他后来成为为数不多的在冬季和夏季奥运会上都获得奖牌的奥运选手之一：在1936年柏林奥运会上，他在8米帆船比赛中获得银牌。在花样滑冰

▲ 挪威选手雅各布·图林·塔姆斯腾空而起，勇夺跳台滑雪金牌

（figure skating）女子单人滑比赛中，奥地利选手赫尔玛·萨博（Herma Szabo）获得金牌，评委们都给她打出了最高分。

本届盛会还首次见证了一个将持续存在的冬奥会主题：加拿大冰球队在冰球项目上的霸主地位。加拿大冰球队在前三场比赛中从未失手，进球85个，决赛时总共打进122个球，仅丢掉3球，最终摘走桂冠。在冰球决赛中，加拿大队以6比1击败美国队。

尽管吸引了大批观众前来观赛，但这届冬奥会还是入不敷出。本届盛会估计耗资300万法郎，而门票收入仅为25万法郎。然而，对于霞慕尼来说，这是一项值得的投资，它与法国上萨瓦省及法国政府联手共同弥补了这一缺口。霞慕尼成就了冬奥会，冬奥会也成就了霞慕尼。这种奥运会和主办方的相互成全正是国际奥委会未来寻求效仿的双赢结果。

▲ 花样滑冰比赛中的奖牌获得者。从左至右：赫尔玛·萨博（奥地利，金牌）、埃塞尔·穆克尔特（Ethel Muckelt，英国，铜牌）和比阿特丽克斯·拉夫兰（Beatrix Loughran，美国，银牌）

▶乔治·马洛里是否成功登顶珠穆朗玛峰，至今仍是未解之谜

登山金牌

虽然实际上并没有参加奥运会，但是登山家乔治·马洛里（George Mallory）仍被授予奥运会金牌

浏览 1924 年冬季奥运会奖牌获得者名单时，一个名字会映入眼帘：乔治·马洛里，金牌，登山运动。没错，他就是传奇登山家乔治·马洛里，他在 1924 年与安德鲁·欧文（Andrew Irvine）一起第三次攀登珠穆朗玛峰（Mount Everest）。

奥运会结束时，皮埃尔·德·顾拜旦将登山金牌授予了爱德华·斯特鲁特中校（Lieutenant Colonel Edward Strutt）和 1922 年尝试攀登珠穆朗玛峰的队员，马洛里在团队中是核心领队。接过奖牌时，斯特鲁特承诺如果那一年登顶珠穆朗玛峰，他们会亲手将金牌置于顶峰。

1924 年 6 月 7 日，马洛里和欧文从 7 号营地出发，为登顶做最后的冲刺。6 月 8 日，珠穆朗玛峰探险队的另一名成员诺埃尔·奥德尔（Noel Odell）看到笼罩在山顶的云层散开，他抬头望去，只见两个微小的黑点在向上移动。那是最后一次有人看到他们活着。他们登顶珠峰了吗？

1999 年，马洛里和欧文研究探险队发现了乔治·马洛里的尸体。由于天气寒冷，他的尸体和遗物得以保存，马洛里曾说，他要将妻子的照片放到峰顶，但人们并未找到这张照片。那么他们成功了吗？马洛里和欧文是第一批登上珠穆朗玛峰的人吗？如果能找到安德鲁·欧文的尸体，答案就会水落石出，因为他带着两人的相机。这个问题至今悬而未决，但我们只能希望他们做到了。当被问及为何要登顶珠穆朗玛峰时，马洛里如是说："因为山就在那里。"从那以后，这句话就成了登山者普遍给出的答案。

◀ 1936 年，奥运火炬抵达德国柏林

1936 年 柏林奥运会

1936 年夏，第三帝国（the Third Reich）连续 16 天向世界敞开了大门

杰克·格里菲斯

1931 年 4 月 26 日，在国际奥委会（IOC）第 29 次会议上，柏林一举出圈，令人始料未及。这座城市击败了巴塞罗那和伊斯坦布尔，成为第 11 届现代奥运会的举办地。对于国际奥委会来说，魏玛共和国（Weimar Germany）是一个完美的场地之选。自西线战事停歇以来，德国的经济和社会状况就一直起伏不定，而在这个欧洲腹地举行奥运会，势必有力促进社会和外交的发展。然而，就像世界其他地方一样，人们无法预见不到两年的时间里这个国家会发生什么。

1933 年纳粹党在德国上台执政，震惊

了全世界，尤其是国际奥委会。有消息称德国实施了严格的种族法，大规模的抵制运动即将到来。因此，国际奥委会向第三帝国施加压力，迫使其弱化极端主义意识形态，纳粹至少表面上做出了让步。阿道夫·希特勒（Adolf Hitler）不是体育迷，但约瑟夫·戈培尔（Joseph Goebbels）说服了希特勒，声称这是在全球范围内推广雅利安人（Aryan）理想的绝佳时机。

德国此前从未举办过奥运会。柏林曾被选为1916年奥运会主办地，但由于第一次世界大战的升级而告吹。德国奥委会打算超越1932年洛杉矶奥运会，由于经济大萧条，洛杉矶奥运会的上座率很低，财政陷入困境。德国全力以赴地为奥运会做准备，新建了一个可容纳10万座位的体育场，并专门建造了150个奥运场馆。柏林"奥林匹克体育场"（Olympiastadion）是世界上最大的体育场之一，也是全新的帝国运动场（Reich Sports Field）综合体的一部分。

除了令人印象深刻的体育场建筑群之外，柏林正在被着力打造成一个盛大的主办城市。菩提树下大街（Unter den Linden Street）两侧和帝国总理府（Reich's Chancellery）外，竖立着巨大的雕像，完美体现了经典的希腊和罗马象征意义。柏林夏季奥运会是第一届由电视转播的奥运会，并且因莱妮·里芬斯塔尔（Leni Riefenstahl）的摄影而获益匪浅。莱妮·里芬斯塔尔拿到了700万美金的预算，接受委托组建33名摄影师参与的团队共同完成奥运拍摄任务。毋庸置疑，世界各国媒体抵达时，对迎接现场印象深刻。他们通过广播传输车及设备以28种语言进行现场转播，齐柏林飞艇（Zeppelins）将新闻片镜头传播到其他欧洲城市，奥运盛事快速传到了超过41个国家。

德国人面临的严峻考验就是要赢得国际社会的信任。对德国的抵制来自美国、英国、法国、捷克斯洛伐克、荷兰和瑞典。即使在德国国内，也并非所有民众都支持举办奥运会的想法。这种异议主要来自德国政治左翼，比如《工人画报》（*Arbeiter Illustrierte Zeitung*）就曾坚决反对举办奥运会。美国奥委会主席艾弗里·布伦戴奇（Avery Brundage）支持美国参加奥运会，他认为"奥运会属于运动员，而非政客"。

美国人……拒绝向希特勒倾斜星条旗。[①]

---

① 在奥运会入场式上，各个代表团的旗手在经过主办国主席台的时候按照礼仪都会略微倾斜自己国家的国旗以示对东道主的尊重。——译注

▲ 兴登堡号齐柏林飞艇（Hindenburg Zeppelin）赫然出现在奥林匹克体育场上空，然而仅仅不到一年，它就不幸陨落

柏林之行后，他声称，据他所见所闻，犹太人和其他所谓的纳粹国家的敌人都得到了公平对待。

面对布伦戴奇以及全世界拭目以待的民众，希特勒和宣传部长戈培尔收敛起真实意图。自纳粹极权主义政权建立以来，所有犹太运动员都不得使用体育设施并被禁止参赛。到了1936年，人们看不到任何反犹太主义的宣传印记，纳粹德国成功树立起虚假形象。所有反犹太宣传都被清除，纳粹小报《冲锋队员》（Der Stürmer）从报摊上下架，奥运旗帜与卐字旗（swastika）一起悬挂在大街小巷。就连身着褐色制服的冲锋队（SA）也一反常态，友好地笑迎八方来客。

纳粹集团精心策划、掩盖真相：德国奥委会主席犹太人西奥多·莱瓦尔德（Theodor Lewald）博士被冲锋队成

▲ 柏林奥林匹克体育场

员汉斯·冯·查默·奥斯滕（Hans von Tschammer und Osten）所取代，600名罗姆吉卜赛人被捕并被强行安置在柏林郊区的墓地和污水场之间。这些掩饰措施成效显著，人们逐渐不再抵制纳粹奥运会，只有苏联（尽管受邀参加奥运会，但苏联人没有现身）没有参加。戈培尔成功地为纳粹即将实施的最令人发指的迫害行为披上了一层虚伪的面纱。

1936年，奥运火炬接力问世，这是体

▲ 美国跳水运动员多萝西·波因顿-希尔（Dorothy Poynton-Hill）和维尔玛·邓恩（Velma Dunn）与德国的克特·科勒（Käthe Koehler）对着镜头微笑

▲ 在执导奥运会纪录片之前，莱妮·里芬斯塔尔已经执导了1935年的纳粹宣传片《意志的胜利》（Triumph of the Will）

育行政官卡尔·迪姆（Carl Diem）的创意，共有3331名火炬手参与接力，火炬从古希腊奥林匹克运动会的精神家园奥林匹亚开始，一路传递到柏林。火炬传递途经希腊、保加利亚、南斯拉夫、匈牙利、奥地利和捷克斯洛伐克，这些国家后来都站在轴心国（the Axis）一边，或在"二战"期间被轴心国占领。最后一个火炬手是齐格弗里德·艾弗里格（Siegfried Eifrig），他象征着纳粹认为的第三帝国与古代伟大文明之间的联系。他身材高大,金发碧眼,他将火炬带入奥林匹克体育场,比赛将于8月1日开始。

兴登堡号飞艇在体育场上空飞过,《德意志高于一切》(Deutschland über Alles)和《霍斯特威塞尔之歌》(Horst Wessel Lied)两首国歌在体育场周围回荡,希特勒举起手臂敬礼,来自阿富汗、奥地利、保加利亚、玻利维亚、百慕大和冰岛等大约一半国家的运动员都向他回礼致敬,而英国和美国等其他国家则没有回敬,引来了观众的嘲笑,这些人多数是德国人。美国人"得寸进尺",拒绝向希特勒倾斜星条旗,这激怒了希特勒。

▲ 戈培尔和他的宣传机器决心将奥运会打造成一个举世瞩目的盛会,向世界炫耀第三帝国

一位美国英雄

杰西·欧文斯的女儿玛琳·兰金（Marlene Rankin）讲述了奥运会如何改变了她父亲的生活

你对1936年奥运会了解多少？你父亲说过吗？

那时我还没有出生，我只是从书中、电影里及父亲关于自己个人经历的演讲中略知一二。

在家里，我们从不谈论1936年奥运会。几乎没人提及这个话题，但是家里一直留出一个房间，里面摆放着父亲的照片、奖杯和奖牌。

你认为多年来人们是否以正确的方式铭记你父亲在柏林获得的成就和做出的贡献？

别人我不知道，但我认为是的。他相当腼腆，极具运动天赋，并且热衷于他的事业。他参加奥运会是为了能和世界上最好的运动员同台竞技。他生性谦逊、相信自己、相信队友。他具有团队合作精神，具有很强的公平竞争意识。

阿道夫·希特勒是否拒绝与你父亲握手？是否拒绝以任何方式承认他？人们众说纷纭。那么，杰西谈过这个话题没有？真相到底是什么？

我听过父亲在多次演讲中，被问及这个问题时会说："我去柏林是为了跑步，而不是为了与希特勒握手。我今天在这里，而希特勒在哪里，我不知道，也不在乎。"所以我推测，他没有与希特勒握手。

你认为1936年奥运会上发生的事情如何改变了你家人的生活？

1936年奥运会上发生的事情造就了杰西·欧文斯。他成为美国黑人社区的英雄，他的运动成就让他成为国际明星，并成为整个美国社会的名人。因此，奥运会塑造了他的人生。

他后来再也没有以业余运动员的身份参加过比赛，但是如果没有柏林的成就，他的生活中就不可能拥有那么多的机会。这些机会让他发现了除运动以外自身的强项，并能以此养家糊口。他的个性、魅力和新技能使他一跃成为名人。他英年早逝，1980年成立了杰西·欧文斯基金会，以延续他的精神和信念，他始终认为任何国家的年轻人都是最伟大的财富。

> 德国人第一次也是唯一一次在奥运会奖牌榜上名列榜首。

在开幕式后的第二天，严肃的体育赛事正式开始。毫无疑问，杰西·欧文斯（Jesse Owens）成为本届赛事的耀眼明星，他在100米、200米、4×100米接力和跳远比赛中斩获了4枚金牌。这位非洲裔美国人的杰出表现激怒了希特勒，他被德国媒体贴上了"黑鬼欧文斯"的标签，所有美国黑人选手都被贴上了"黑人帮凶"的标签。然而，德国观众却与记者截然相反，他们在看台上高呼欧文斯的名字，并一有机会就缠着他索要签名。

柏林奥运会首次将篮球纳入比赛，美国队在决赛中以19比8击败加拿大，赢得了比赛，从此奠定了美国在篮球运动中的霸主地位。

虽然网球高手丹尼尔·普伦（Daniel Prenn）和令人生畏的拳击手埃里希·塞利格（Erich Seelig）等世界顶级运动员，由于犹太血统的原因未能入选参赛，但德国人仍以89枚奖牌的成绩高居奖牌榜首（这是第一次，也是唯一一次），远远领先于获得56枚奖牌、排名第二的美国。不过，不只是德国没有因才择人。美籍犹太人马蒂·格里克曼（Marty Glickman）和萨姆·斯托勒（Sam Stoller）也被勒令退出4×100米接力赛，他们只能眼巴巴地看着自己的国家斩获金牌。有传言称，布伦戴奇向美国教练团队施压，要求弃用这两名队员，据称是担心惹恼希特勒。匈牙利以10枚金牌落后于德国和美国，排名第三，而英国只排名第十。日本是除美国之外唯一一个打破欧洲对领奖台垄断的国家。罗马尼亚拳击手尼古拉·贝雷切特（Nicolae Berechet）的去世是此次盛会的悲剧，他在羽量级比赛（体重少于126磅，约57公斤）的第一轮比赛中被击倒，几天后神秘地死于血液中毒。

希特勒可能并不是一个体育迷，但是他对本届奥运会甚是满意，据说他曾宣称："1940年，奥运会将在东京举行，但此后将永远在德国举行。"他甚至指派建筑师阿尔伯特·斯佩尔（Albert Speer）为柏林未来的每届奥运会设计一个可以容纳40万个座位的体育场。

奥运会结束两天后，奥运村主席沃尔夫冈·福尔斯特纳（Wolfgang Fuerstner）上校就命丧黄泉了，纳粹党深感震惊。最初，他们掩盖了事实，但后来真相浮出了

▶最初,希特勒对纳粹德国举办奥运会持怀疑态度,但后来将其视为推广他扭曲的意识形态的机会

水面:这位犹太人在得知自己即将成为重新实施的纽伦堡法案(Nuremberg Laws)的受害者后就选择了自杀。这位精心设计奥运村的智囊曾被迫在非犹太人维尔纳·吉尔萨(Werner Gilsa)手下工作。尽管这些法令在奥运会期间被暂时搁置,但它们很快便会卷土重来。

在接下来的数年里,第三帝国国防军(Wehrmacht)开始向世界人民发难,1936年柏林奥运会取得的社会进步转眼消失殆尽。战争一触即发,冲突的乌云再次笼罩欧洲上空,人们很快将注意力从赛场转向了战场。

柏林之星

点亮第 11 届奥林匹克运动的参赛选手们

01 亨德里卡（里）·玛斯滕布鲁克 [Hendrika（rie）Mastenbroek]

17 岁的玛斯滕布鲁克是一位极具天赋的荷兰游泳运动员，她是首位在一届奥运会上赢得 4 枚奖牌的女运动员

成就：100 米自由泳金牌、400 米接力金牌、400 米自由泳金牌、100 米仰泳银牌

02 海伦·梅耶（Helen Mayer）

作为唯一一位入选德国队的犹太血统运动员，梅耶与匈牙利的伊洛娜·沙切勒（Ilona Schacherer）巅峰对决，精湛的击剑技术证明了她的实力。

成就：击剑银牌

03 孙基祯

长跑运动员孙基祯是一名朝鲜人，被迫代表日本队参赛。在奥运名册上签名时，他手持朝鲜国旗[1]，表现出无声的抗议。

成就：马拉松金牌

04 约翰·洛夫洛克

新西兰选手约翰·洛夫洛克（John Lovelock）与美国选手格伦·坎宁安（Glenn Cunningham）在 1936 年奥运会决赛场上一争高下，最终洛夫洛克赢得了这场较量。

成就：1500 米金牌

---

[1] 当时朝鲜是日本的殖民地。——译注

05 德扬·昌德（Dhyan Chand）

印度选手昌德被认为是有史以来最伟大的曲棍球运动员之一，他曾任印度国家队队长，参加了 1928 年和 1932 年奥运会。

成就：曲棍球金牌

06 海伦·斯蒂芬斯（Helen Stephens）

海伦·斯蒂芬斯在 1936 年奥运会上未尝败绩，赢得了两枚金牌。后来她于"二战"期间在美国海军陆战队服役。

成就：100 米金牌、4X100 米接力金牌

07 马乔丽·格斯特琳（Majorie Gestring）

年仅 13 岁的美国选手格斯特琳让德国观众惊叹不已，成为有史以来最年轻的女子跳板跳水奥运冠军。

成就：女子跳板跳水金牌

08 英格·索伦森（Inge Sørensen）

12 岁的英格·索伦森为她的祖国丹麦赢得了游泳铜牌。

成就：200 米蛙泳铜牌

09 卢兹·龙（Luz Long）

这位德国奥运选手因与美国人杰西·欧文斯的精彩对决而被铭记。两位选手在颁奖礼上手挽着手，这一幕让希特勒大为恼火。

成就：跳远银牌

奥运会历史

奥运会尽管曾中断了几千年①，但它本身仍在不断壮大

① 夸张的说辞。——译注

1984 年
节俭的东道主

为了控制成本，除赞助商投资新建的游泳馆和赛车场外，洛杉矶奥运会只使用现有设施。因此，此届奥运会获利2.25亿美元。

1968 年
发表声明

当美国国歌奏响时，非洲裔美国奖牌得主汤米·史密斯（Tommy Smith）和约翰·卡洛斯（John Carlos）举起戴着手套的拳头，向黑人权利（Black Power）致敬。史密斯后来说："如果我赢了，我就是美国人，而不是美国黑人。但如果我做了坏事，他们就会说我是'黑鬼'。"

公元前 776 年
准备好了，开始吧！

第一届有记录的奥运会举行。古希腊的几个城邦和王国都参与其中。一位名叫科罗布斯的面包师赢得了唯一的项目——192米赛跑，成为首位奥运冠军。

1890 年
国际奥委会的诞生

皮埃尔·德·顾拜旦男爵创立了国际奥林匹克委员会（IOC），旨在建立一个由世界各国轮流举办的奥运会。

1859 年
全新的开始

希腊商人埃万杰洛斯·扎帕斯赞助了第一届泛希腊奥林匹克运动会。来自希腊和奥斯曼帝国的运动员参加了比赛。他还为古体育场的翻新提供了资金。

1956 年
墨尔本的现场直播
奥运会首次提出转播权概念。出席的媒体包括英国广播公司、美国全国广播公司、哥伦比亚广播公司和合众国际社。

1948 年
残疾运动员证明自己的价值
设立残奥会是为了促进"二战"后士兵的康复。残奥会最初被称为国际轮椅运动会。

1936 年
纳粹妄想
在臭名昭著的纳粹奥运会上，阿道夫·希特勒目睹了杰西·欧文斯赢得 4 枚金牌，这破坏了他关于雅利安人至高无上的种族主义观念。

第一届现代奥运会比赛项目

拳击　　标枪　　田径　　战马赛车
铁饼　　古希腊式搏击　　摔跤

1928 年
点燃圣火
奥运圣火首次亮相。然而，到 1936 年，火炬传递才首次举行。

1900 年
奥林匹克平等
1900 年巴黎举行的夏季奥运会上，女性首次被准许参加比赛。

1896 年
雅典作为东道主
国际奥委会组织的第一届奥运会在雅典举行。14 个国家的运动员角逐了 43 个项目的比赛，当时观看比赛的观众之多前所未有。

残奥会的兴起

举办残奥会旨在为"二战"中受重伤的士兵的生活带来积极影响。残奥会目前已成为世界上最大的综合体育赛事之一

大卫·克鲁克斯

脊柱受伤的运动员参加斯托克曼德维尔运动会的篮球比赛

路德维希·古德曼（Ludwig Guttman）医生聪明过人、富有爱心，他相信运动可以改变残疾人的生活。作为德国神经学领域的领军人物之一，他曾在德国一家顶级医院担任神经外科先驱奥特弗里德·福斯特（Otfrid Foerster）教授的首席助理。但是，1933年纳粹党上台执政后，他的生活彻底发生了改变。

1935年的纽伦堡种族法（the Nuremberg Race Laws）剥夺了德国犹太人的许多权利。结果，古德曼医生被解除了职务，因为犹太医生不可以从事专业医疗工作。他被安置在布雷斯劳（Breslau）的犹太医院，并在1937年成为医疗主任。在那里，他的同情心和勇气有目共睹。

1938年11月9日，犹太人的财产被摧毁，3万名犹太人被送往集中营，当时古德曼医生下令任何前来寻求庇护的人都可作为病人入院。在64名入院者中，有60人被免于送往集中营，因为古德曼医生向盖世太保（Gestapo，纳粹德国的秘密国家警察）和纳粹军事组织党卫军（SS）证明他们生病了。虽说有点儿冒险，但是因为古德曼医生声誉极高，所以能够逃避可能面临的后果。

1个月后，古德曼医生奉命在葡萄牙里斯本治疗葡萄牙独裁者安东尼奥·德·奥利维拉·萨拉查（António de Oliveira Salazar）的一位朋友。在返回德国之前，他有机会访问英国，他发现保护科学与学习协会（the Society for the Protection of Science and Learning）为他和他的家人安排了签证。因此，他们于1939年3月14日移民英国。6个月后，第二次世界大战欧洲战场战事爆发。

这个故事非常重要，尤其是对残奥会而言，因为正是古德曼医生组织了残疾人的第一届体育竞赛，从而促成了残奥会的诞生。英国政府曾邀请他在英国艾尔斯伯里（Aylesbury）的斯托克曼德维尔（Stoke Mandeville）医院设立脊髓损伤科，该科于1944年开业，彻底改变了从战争中返回的瘫痪的英国士兵的护理方式。不仅如此，他还希望给这些人带来自豪感、成就感和希望。

1948年，奥运会在伦敦举办时，古德曼医生曾在医院组织了一场射箭比赛，他

▲ 1944年，路德维希·古德曼医生在斯托克曼德维尔医院创立了国家脊髓损伤科，为4年后的残奥会奠定了基础

▲ 2008年北京残奥会上,美国选手埃普里尔·霍姆斯(April Holmes)在国家体育场举行的女子100米T44级田径决赛中夺得金牌

把奥运会的体育精神融进了比赛。他将其命名为斯托克曼德维尔运动会,在伦敦奥运会开幕前一天,即7月28日,16名脊柱患者(14名退役男军人和2名退役女军人)参加了比赛。古德曼医生说:"这是向公众证明,竞技体育不是健全人的特权。"

斯托克曼德维尔运动会随后成为一年一度的盛会,并于1952年,即赫尔辛基奥运会举办年,成为国际赛事。当时,来自荷兰阿登堡(Aardenburg)多恩军事康复中心(Doorn Military Rehabilitation Centre)的4名运动员在1名护士和1名理疗师的陪同下参加了比赛,参赛总数达到了130人。运动员们参加了标枪、无挡板篮球、斯诺克、乒乓球比赛和挥杆表演。古德曼医生希望"截瘫运动会"有朝一日能像奥运会一样盛大。

该赛事年复一年都在斯托克曼德维尔举行,到了1954年规模扩大,14个国家的截瘫患者参与其中,次年规模继续扩大,18个国家的200名运动员参赛。

众所周知,1956年,斯托克曼德维尔国际运动会举办时恰逢澳大利亚墨尔本奥运会。同年,斯托克曼德维尔国际运动会委员会成立,并决定从1960年起,该赛事应在奥运会的主办城市举行。因此,第一届残奥会是在意大利罗马举行的。但是,这项赛事被正式命名还需要一段时间。

在罗马，这项赛事在奥运会闭幕式几天后举行，来自23个国家的400名运动员参加了比赛。在阿夸阿塞托萨体育馆（Acqua Acetosa Stadium），5000名观众观看了开幕式，之后，比赛场地就转移到了40分钟车程外的三泉隐修院运动区（the Tre Fontane Zone），观众将在那里观看6项运动——射箭、残疾人田径、飞镖、斯诺克、轮椅击剑和轮椅篮球。

残疾人游泳比赛（包括首次举办的50米项目）在意大利福罗酒店游泳馆（Piscina Foro Italia）的热身池举行。乒乓球（女子单打）在奥运村俱乐部会所举行。所有参赛者都是脊髓损伤患者，总共颁发了291枚奖牌。

然而，9月18日至25日举行的这次活动也突显了残障人士所面临的困难。前往罗马的行程并非一帆风顺：参赛者的轮椅需要由叉车送上飞机。而且，他们的轮椅也无法在奥运村顺利通行，因为每个楼层之间有20级台阶。但这些都是组织者未来会考虑解决的问题，1964年在东京成功举办了第二届残奥会。

1968年奥运会由墨西哥城主办，但遗

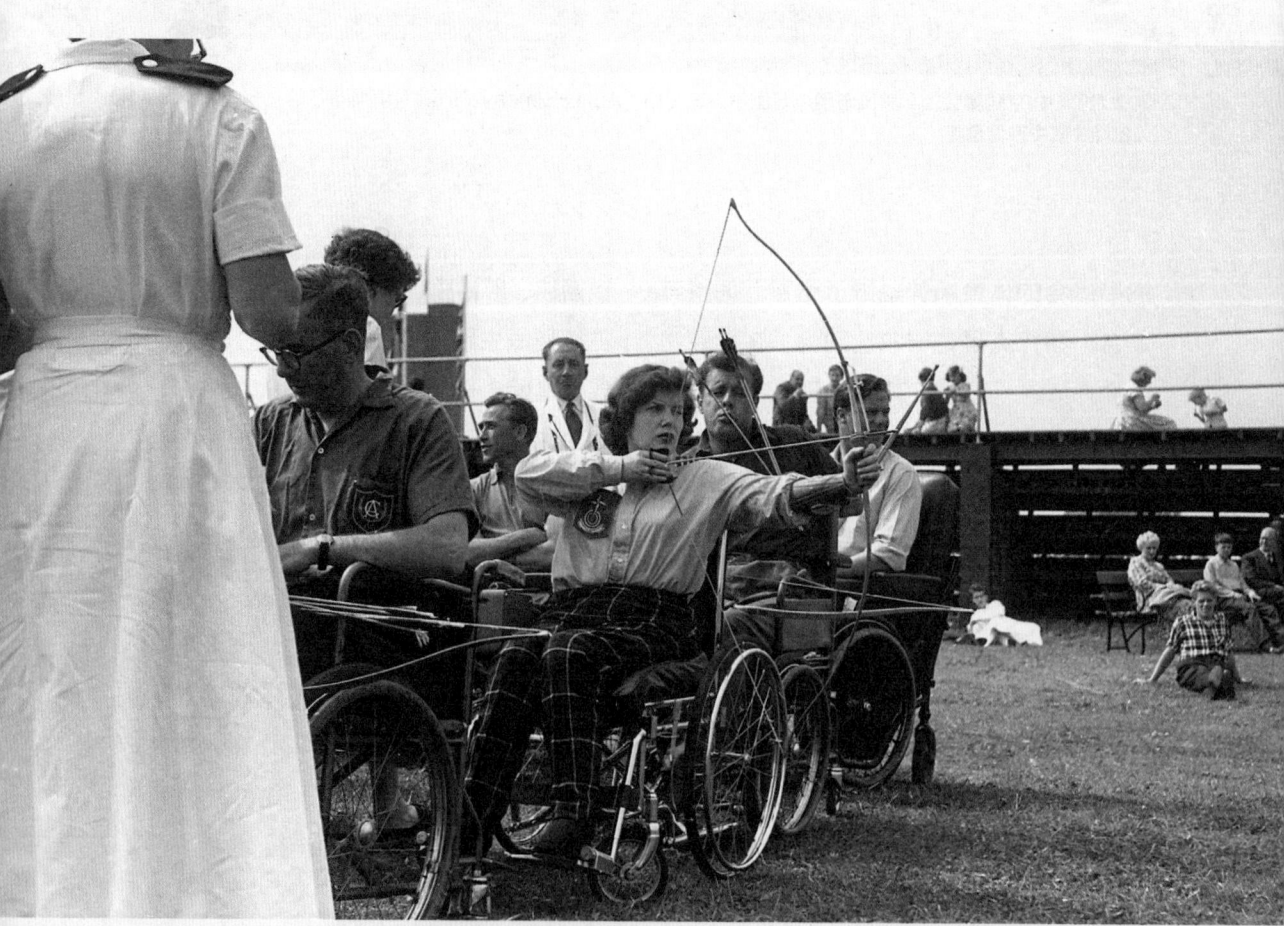

▲ 脊髓损伤的参赛者参加斯托克曼德维尔运动会的射箭比赛

▲ 特里莎·佐恩在 2000 年悉尼残奥会女子 100 米蛙泳 SB12 决赛中摘得银牌

游向成功

确实有许多成功的残奥会运动员，但少有人能像特里莎·佐恩（Trischa Zorn）那样卓越

特里莎·佐恩因遗传疾病而天生失明，是残奥会有史以来最成功的运动员之一。这位美国游泳运动员参加了 7 届残奥会——1980 年、1984 年、1988 年、1992 年、1996 年、2000 年和 2004 年——这本身就是一项叹为观止的壮举，她以 41 枚金牌、9 枚银牌和 5 枚铜牌结束了她的职业生涯：总共 55 枚奖牌。

她从一开始就给人留下了深刻的印象，1980 年在阿纳姆（Arnhem）赢得了 7 枚金牌，其中 5 枚是个人金牌。4 年后，她在纽约再次取得了同样的成绩，而在 1988 年汉城奥运会上则斩获了 12 枚金牌，其中 10 枚是个人金牌。佐恩在巴塞罗那个人奖牌榜和亚特兰大总奖牌榜上也名列前茅。

如果有人想打破佐恩在蛙泳、自由泳、仰泳、蝶泳、个人混合泳、两种不同的接力类型和不同距离中的游泳纪录还需假以时日。凭借其惊人的奖牌数量，2012 年她当之无愧地入选残奥会名人堂。

举办奥运会的国家现在渴望同时举办残奥会。

憾的是，由于技术难题，墨西哥政府两年前就做出决定，放弃举办残奥会，因此当年的残奥会最终在特拉维夫（Tel Aviv）举行。此后，将残奥会和奥运会安排在不同地点举行变得司空见惯。例如，慕尼黑在1972年举办了奥运会，但联邦德国却在海德堡提前举办了残奥会，两地相隔大约3个半小时的车程。

1976年，残奥会在多伦多举办，而奥运会则在蒙特利尔举行。此次残奥会举办得相当成功。在多伦多，比赛中加入了更多的残疾类别项目：261名截肢运动员和187名视障运动员参加了比赛。本届奥运会共有13个运动项目，来自40个国家的1657名残疾运动员参加了比赛，规模超过以往任何一届。大约2.4万人挤满了伍德拜恩赛马场（Woodbine Racetrack）参加开幕式，残奥会赛事首次通过电视进行转播。尽管前路漫漫，但古德曼医生的梦想即将实现。

1976年，冬季残奥会在瑞典的恩舍尔兹维克（Örnsköldsvik）首次亮相，从那时起，残奥会也成为一项常规比赛。残奥会逐步发展，人们试图对其与奥运会一视同仁，但很明显，这需要多方协调、共同努力。奥运会的主办城市同时也渴望举办残奥会，但要做到这一点仍尚需时日。

1980年，残奥会在荷兰阿纳姆举行，而奥运会的举办地则在莫斯科。洛杉矶在1984年举办了奥运会，但残奥会分别在纽约和斯托克曼德维尔两地举行。苏联等国抵制残奥会[①]。苏联参加了1988年残奥会——那一年，汉城（现首尔）举办了夏季奥运会，紧接着使用相同的基础设施和体育设施举办了残奥会。

这对残奥会来说是至关重要的时刻，这要归功于世界残疾人体育组织国际协调委员会（International Co-ordination Committee of World Sports Organisations for the Disabled，ICC）的决心。从1989年开始，国际残奥委员会（IPC）接管了协调委员会的职能工作。从那时起，所有赛事（现在正式称为残奥会）都开始使用与奥运会相同的体育场馆。

1992年，夏季奥运会结束之后，巴塞罗那紧接着就举办了残奥会，本次盛会门票免费，观众蜂拥而至，挤满了各个场馆。日常的赛事报道也在电视上进行了转播，收看节目的观众没有感到失望，因为那一年共打破了279项世界纪录和489项残奥会纪录。免费赠送门票是一种促销手段，残奥会取得了巨大成功，同时真正地

---
① 可能当时是出于意识形态、政治因素、资源分配等原因。——译注

确立了自己的地位。

1996年，亚特兰大残奥会将运动大项数量增加到19个，并吸引了顶级赞助商。2000年悉尼奥运会售出了120万张门票。现在，主办奥运会的国家都渴望同时举办残奥会，这正式成为所有申办城市的先决条件。

何乐而不为呢？2004年的雅典残奥会取得了重大成功；2008年的北京盛况空前、举世瞩目。

2012年残奥会荣归故里。不出所料，伦敦积极宣传这项赛事，甚至在开幕前一年就售出了100万张门票。这为2016年里约热内卢接过残奥会的接力棒、继续前行铺平了道路。

从2021年8月24日到9月5日，共安排了22个运动大项、合计539个东京残奥会项目，其中新增羽毛球和跆拳道比赛这两个项目。现在，全球目光聚焦巴黎。2024年巴黎残奥会累计超过40亿人次观看赛事。

正如国际残奥委会主席安德鲁·帕森斯（Andrew Parsons）在新年致辞中所说："我认为残奥会将永远载入史册，不仅仅是载入体育史册，而且将永远载入人类历史史册。想象一下，20年之后人们会想：这些人在那一年尚能做到，我们只要下定决心，就能完成任何事情。"

▲ 英国选手埃莉诺·西蒙兹（Eleanor Simmonds）在2012年伦敦残奥会上获得女子100米自由泳银牌

现代奥林匹克运动发起人、奥林匹克五环设计者皮埃尔·德·顾拜旦曾说："五环象征世界上承认奥林匹克运动并准备参加奥林匹克比赛的五大洲。此外，六种颜色（包括白色背景色），意指所有国家都毫无例外地能在自己的旗帜下参加比赛。"

墨西哥陆军士兵整夜与抗议学生作战，特拉特洛尔科广场的警卫任务让他们感到筋疲力尽

特拉特洛尔科事件

大卫·克鲁克斯

奥运会开幕式的前10天，聚集在墨西哥城奥林匹克大学体育场的人群中响起了一声呐喊，数以万计的声音迫切地向墨西哥政府传达他们的心声，他们激动地高呼："我们不要奥运会，我们要革命！"

时值1968年10月2日，至少可以说，那个夏天是多事之秋。在世界上许多国家，都发生了反对官僚主义和军队的暴乱。在墨西哥，这种动乱表现为广大学生结成联盟，寻求政治和文化变革。他们态度鲜明，矛头直指革命制度党（the Institutional Revolutionary Party，PRI）。1946年以来，革命制度党一直统治墨西哥。

> 迪亚斯·奥尔达斯出现在奥林匹克体育场时，人们脸上露出不屑，并发出一片唏嘘声。

几个月以来，愤怒的情绪在持续发酵，墨西哥总统古斯塔沃·迪亚斯·奥尔达斯（Gustavo Díaz Ordaz）曾试图控制局面。当时，墨西哥社会支离破碎，而政府却耗资1.5亿美元筹办奥运会，为什么要花这么多钱举办奥运会？这些钱都是怎么花的？总统发现很难做出合理的解释。1968年7月22日，不同高中的学生之间发生了冲突，警察用暴力解决了这场冲突事件。

结果，暴乱和与警察的冲突接踵而至。1周后，即7月30日，军方最终向圣伊尔德丰索预备学校（San Ildefonso Preparatory School）殖民时代的木门发射了火箭筒，一些学生当时正躲在那里寻求保护。这一事件被称为"巴祖卡日"（el día del bazukazo），这次袭击夺走了几名学生的生命。

1968年8月2日，包括墨西哥国立自治大学和国立理工学院在内的70所教育机构的学生联合起来，组成了全国罢工委员

▲ 在搜查了三种文化广场周围的建筑物后，大量学生被抓捕

▲ 为了躲避特拉特洛尔科广场屋顶的火力，陆军突击部队寻找掩体，战斗持续了整整一夜

会（the Consejo Nacional de Huelga）。这是一个寻求与墨西哥政府谈判的民主机构。该组织男女比例相当，致力于组织和平抗议活动，向当权者传递信息和诉求。

这些诉求包括释放政治犯，解雇路易斯·库埃托·拉米雷斯（Luis Cueto Ramírez）和劳尔·门迪奥莱（Raúl Mendiolea）两位将军，解散政府警察部队，并向在7月26日袭击中死伤者的家属提供赔偿。8月和9月，游行持续进行，革命制度党顺势组织了自己的武装力量。9月1日，总统迪亚斯·奥尔达斯表示，未来将继续使用暴力来应对抗议活动，并一再声明"不会再容忍暴乱"。

事情发生在10月2日晚上，在墨西哥城特拉特洛尔科街区的三种文化广场（Plaza de las Tres Culturas）上，人们举行了集会。三种文化广场曾经是——现在仍然是——圣克鲁斯学院（Colegio de Santa Cruz）的所在地。圣克鲁斯学院是美洲大陆上第一所也是最古老的欧洲高等教育机构。一个大型住宅区——12层高的奇瓦瓦大厦（Chihuahua Building）——4年前才在广场旁边建成，外交事务秘书处也设在那里，位于广场的南侧。

集会比原定下午5点开始的时间要晚一些，但成千上万的学生早早涌入广场，许多人举着标语牌和横幅。其他人群——居民、儿童和路人——也停下来加入这次活动，学生们走到大约三层楼高的阳台上，开始发表演讲。在另一个阳台上，武装警察严阵以待，有两架直升机在头顶盘旋。其中一架由军方驾驶，另一架由警察驾驶。

然而，下午5点55分左右，局势骤变。集会接近尾声，但外交部大楼升起了照明弹。军方仍要逮捕示威的组织者，于是他们闯进公寓大楼，冲上阳台，命令所有人脸朝下趴在地上。数千名士兵向广场进发，大约200辆坦克开向广场并把广场包围。周围的建筑物内传来阵阵枪声，部队开始射击。

人群一片混乱，他们大喊大叫、惊慌失措，试图逃离险地。参加集会的人们纷纷倒地，玻璃破碎的声音和红十字会救护车刺耳的警报声划破长空。

到底死了多少人，没有人确切知道。墨西哥三缄其口，很长一段时间都对此讳莫如深——直到1993年，墨西哥的教科书才开始提及。据官方统计，死亡人数为数十人，美国国家安全档案馆（United States' National Security Archive）在2006年提出，共有44名男性和女性遇难，其中34人已被实名证实。

问题是，多年来一直缺乏证据，相关报道也总是相互矛盾。事实上，在英国报纸上撰写唯一一份有关该事件的第一手报道时，约翰·罗达（John Rodda）声称有325人遇难，但有些人认为死亡人数多达3000人。真相可能永远不会浮出水面，尽管我们现在知道，支持革命制度党的美

▲ 在特拉特洛尔科事件25周年纪念日，一座纪念碑拔地而起，谨记1968年10月2日事件中的遇难者

▲ 墨西哥希望世界看到的：事件发生仅10天后，大学城奥林匹克体育场开幕式上的欢乐场面

国政府与墨西哥政府沆瀣一气，通过向其提供武器和弹药来镇压抗议活动。

当然，人们一直在谈论那晚令人不安的往事：精英总统卫队（那年夏天又被称为奥林匹亚营）花了几个小时在广场周围的公寓里搜查学生。据说被捕的学生多达1000余人，他们被羁押过夜，被脱光衣服并遭到毒打。学生领袖们被送到莱坎伯里监狱（Lecumberri Prison），由于受到虐待，他们进行了为期6周的绝食抗议。学生领袖萨尔瓦多·鲁伊斯（Salvador Ruiz）被监禁了两年。

多年来，政府和军队一直声称是学生煽动了暴力事件。学生们却表示是军队先开的枪。后来证据逐渐浮出水面，从国防部长马塞利诺·加西亚·巴拉甘（Marcelino Garcia Barraga）将军的个人文件和军事文件来看，苗头都指向总统卫队，他们才是真正的罪魁祸首。

总统卫队驻扎在公寓楼顶和公寓内部。

据说他们不仅向学生射击,也向执勤的士兵开火,这说明屠杀行为是政府幕后指使的。执勤士兵奉命不得率先开火,应该是奥林匹亚营先开枪射击,并引发了后面的暴力冲突。有文件指出,总统亲自下令狙击手开枪,也有证据表明奥林匹亚营的士兵戴着白手套,以免遭到执勤士兵的意外射击。

即便如此,奥运会仍照常进行。罗达随后在《卫报》(The Guardian)上发表了报道,他声称国际奥委会(IOC)"无视""三种文化广场之战"——时任国际奥委会主席艾弗里·布伦戴奇发表的声明中表明了这种态度。

布伦戴奇写道:"没有任何一次示威或暴力事件是冲着本届奥运会来的。"体育盛会已经准备就绪。他还写道:"(墨西哥当局)已经向我们保证,10月12日奥运圣火和平进入体育场的仪式,以及随后的比赛都不会受到干扰。"

"作为墨西哥的客人,我们对墨西哥人民充满信心,他们以体育精神和热情好客闻名于世,必将与参与者和观众一同庆祝奥运盛会,这是在动荡世界中的一片真正的绿洲。"

迪亚斯·奥尔达斯出现在奥林匹克体育场时,人们脸上露出不屑,并发出一片嘘唏声,尽管如此,整个盛会期间没出什么乱子。具有讽刺意味的是,政府用五颜六色的横幅和大量象征和平的白鸽图像装饰了墨西哥城。当时的口号仍是"和平中一切皆有可能",但几周前发生的事件怎能让人忘怀。

美国在本届奥运会上获得了45枚金牌、28枚银牌和34枚铜牌,位居奖牌榜榜首,领先于苏联。民主德国和联邦德国首次分开参赛,所有赛事及闭幕式也都是首次利用彩色电视信号向全世界进行转播。

▶ 汤米·史密斯和约翰·卡洛斯举起拳头：他们共用一副手套，这就是为什么他们举起不同的手臂

黑权礼

非洲裔美国运动员汤米·史密斯和约翰·卡洛斯在 1968 年墨西哥城奥运会上取得了巨大成功。24 岁的史密斯在 200 米短跑决赛中首次正式突破 20 秒大关，以 19 秒 83 的成绩夺得金牌。卡洛斯在同一场比赛中以 20.10 秒的成绩获得铜牌。

他们站上奥运领奖台，当奖牌挂在脖子上时，两位田径明星都举起戴着手套的拳头行致敬礼。它象征着黑人权力运动，也是对种族主义和不公正的抗议。但这遭到了人群的嘲笑，国际奥委会可耻地将美国队中的这两个选手停赛，并禁止他们进入奥运村。即便如此，此事还是引起了人们对困扰美国社会问题的极大关注。

两名运动员没穿鞋子，只穿了黑色袜子，这象征着黑人的贫穷。卡洛斯在脖子上戴着串珠项链以抗议私刑，而史密斯则戴上了一条围巾来代表黑人的骄傲。站在他们旁边的是银牌得主、澳大利亚选手彼得·诺曼（Peter Norman），他以 20.06 秒的成绩完赛。他没有举起拳头，但他完全支持抗议活动，他戴上了奥林匹克人权项目（Olympic Project for Human Rights）的徽章。

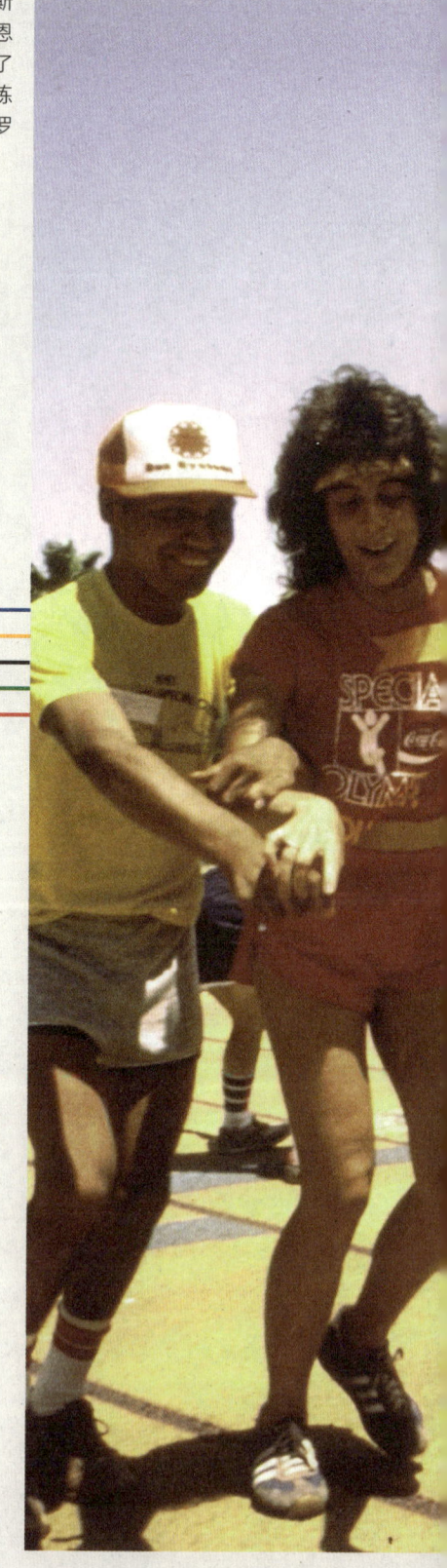

▶在400米接力赛中，马丁·罗德里格斯（Martin Rodriguez）和教练琳达·蒙德施恩（Linda Mondschein，左）将接力棒交给了赫尔曼·托马斯（Herman Thomas）和教练吉姆·史密斯（Jim Smith，右）。托马斯和罗德里格斯都是盲人

特奥会

了解约翰·肯尼迪的妹妹如何发起一项体育运动，带领智障人士走出人生的阴霾

杰克·格里菲斯

尤妮斯·肯尼迪兄弟姐妹们的悲惨命运广为人知。大哥乔是一名飞行员，1944年他驾驶一架飞机在萨福克郡（Suffolk）上空执行任务时，不幸死于飞机爆炸。二哥约翰是美国第三十五任总统，在1963年遭遇暗杀而不幸身亡。弟弟罗伯特曾作为民主党提名候选人参加1968年美国总统大选，后来也惨遭非命。姐姐凯瑟琳在1948年的一次飞机失事中命丧黄泉。

但你可能没有听说过她的另一个姐姐——罗斯玛丽。她有智力障碍，1941年，23岁时，她接受了脑叶切除手术，然而手术失败，她无法说话，心智回到了两岁孩子的水平。

▲ 安妮·麦格隆·伯克是芝加哥首届夏季特殊奥运会背后的本土推动者

这是肯尼迪家族的难言之隐，这也推动了尤妮斯·肯尼迪·施赖弗（于1953年与萨金特·施赖弗结婚）决定于1962年在她的马里兰州农场为智障儿童设立夏令营。施赖弗夏令营招募了26名高中生和大学生，为该地区特殊学校和诊所推荐的34名有特殊需要的儿童担任辅导员。此次夏令营取得了巨大成功。这些孩子不再被排除在夏令营之外，他们兴致勃勃地参加了体操、球类运动、骑马和游泳等体育运动。

尤妮斯是小约瑟夫·帕特里克·肯尼迪基金会（Joseph P. Kennedy Jr. Foundation）的执行副总裁，该基金会是为纪念"二战"期间她阵亡的长兄而设立的慈善机构，她一直为帮助智障人士提供资金支持。现在，肯尼迪基金会开始资助新的夏令营，其运行方式与施赖弗夏令营几无二致。第二年夏天，800多名有特殊需要的儿童参加了一个由基金会支持的趣味十足的夏令营。

尤妮斯深信，体育教育使她所接触的孩子在学习上有了显著的提升。接下来，她利用基金会的资金在波士顿、芝加哥和格林斯伯勒（Greensboro）开展了全年的特殊人群娱乐活动（Special Recreation Programmes）试点项目。

最初，芝加哥的项目进展缓慢。尤妮斯派萨金特去面见该市的代表，了解他们如何使用1万美元的捐款。芝加哥公园区做出了回应，并于1968年计划为智障儿童举办一场田径赛事。

这个想法的发起者、当地体育老师安妮·麦格隆·伯克（Anne McGlone Burke）被派往华盛顿特区，寻求尤妮斯的认可和额外的财政支持。尤妮斯认为这个项目主意不错，但鼓励伯克目光更长远一些。为什么只在芝加哥举办呢？为什么不向全国开放赛道呢？一张2.5万美元的支票满足了伯克所需的资源，使这次活动的规模远远超出了她的设想。

完成这个项目并非易事。一想到要为智障儿童举办庆祝活动，一些人就打了退堂鼓，毕竟，将这些孩子隐藏起来已是司空见惯之举。一家慈善机构对伯克的资助请求做出了回应:"把这样的孩子暴露在世人面前,你应该感到羞耻。"

然而,尽管有人心怀偏见、提出异议,但伯克和以尤妮斯为名誉主席的组委会其他成员仍兢兢业业、努力工作,不断扩大比赛规模。1968年7月20日,来自美国26个州和加拿大的约1000名运动员抵达芝加哥近南区的军人球场体育场。建筑商、木匠和工人夜以继日、各展其能帮助修建比赛场馆。

受1968年奥运会的启发(即将于当年10月在墨西哥城举办),芝加哥的比赛被命名为国际特奥会,该委员会也借鉴了奥运会确立的象征元素。在开幕式上,运动员手持州旗举行了运动员入场式。一名青少年手持火炬跑进体育场,登上高空作业平台,点燃了40米高的约翰·肯尼迪希望之火。尤妮斯要求运动员大声朗诵受奥林匹克信条启发而创作的誓词——"重在参与,而非胜利"。第一批特奥会运动员承诺:"让我获胜,不能获胜,就让我勇敢地去尝试。"

随着2000个气球放飞升空,比赛正式开始。儿童运动员参加了200多个项目,包括50码(约45.72米)短跑、立定跳远、跳高和垒球投掷。

场地的一端是一个25码(约22.86米)的泳池,可举行25码和100码(约91.44米)的游泳比赛。一些专家认为,游泳对智障儿童来说太危险了,但美国红十字会通过安排救生员志愿者打消了怀疑者的顾

▲ 领奖台上的运动员赢得了金牌、银牌和铜牌,所有参赛者又都获得了1枚纪念奖牌

▲ 本届特奥会借用了奥林匹克运动的象征元素,包括在开幕式上点燃火炬

一些幸运的田径运动员得到了奥运冠军的指导。

虑。任何想参加水上比赛的人都可以勇敢尝试。泳池还举办了水球比赛，尤妮斯本人也跳进泳池中参与扔球。

看台上的观众寥寥无几，也几乎没有运动员去观看同伴的比赛，他们都太忙了。一些志愿者教练在场边提供指导，其中有一些人的名字如雷贯耳。一些幸运的田径运动员得到了奥运冠军的指导：杰西·欧文斯（1936年获得4枚金牌）、威尔玛·鲁道夫（Wilma Rudolph，1964年获得3枚金牌）、拉弗·约翰逊（Rafer Johnson，1964年十项全能冠军）和鲍勃·马蒂亚斯（Bob Mathias，1948年和1952年十项全能冠军）。芝加哥黑鹰队的斯坦·米基塔（Stan Mikita）和多伦多枫叶队的乔治·阿姆斯特朗（George Armstrong）在场边为参加地板曲棍球（地面没有冰的冰球比赛）的球员呐喊助威。教练组的名誉负责人是宇航员吉姆·洛弗尔（Jim Lovell）。5个月后，他将乘坐阿波罗8号绕月球飞行。

1天的比赛飞逝而过。闭幕式上，州旗徐徐降下并被带出体育场。每个走在州旗后面的运动员都佩戴着1枚奖牌。除了每个项目的前三名获得金、银、铜牌外，每

▲ 在1962年的夏令营中，尤妮斯·肯尼迪·施赖弗首次开始探索运动如何帮助智障儿童

▲ 施赖弗去欧洲为孩子们筹备 1970 年特奥会

位参赛者还获得了 1 枚特别的纪念奖牌。

火炬熄灭了，但尤妮斯承诺火炬将会再次点燃，并承诺每两年举办一次特奥会。不到两周之后，特奥会被注册为肯尼迪基金会的一个合法独立组织。首届董事包括尤妮斯、吉姆·洛弗尔、拉弗·约翰逊、罗伯特·库克（Robert Cooke）教授、弗兰克·海登（Frank Hayden）教授和劳伦斯·雷里克（Lawrence Rarick）教授。

国际特奥会是人们重新看待智障人士的分水岭。孩子们不用再因羞耻或尴尬而被隐藏起来。特奥会让孩子们走出了生命的阴霾，让他们能够参加比赛并正大光明地享受其中的乐趣，再也不用担心遭受指责谩骂。

接下来的几十年，特奥会蓬勃发展。1970 年，国际特奥会再次在军人球场举行。这次的赛事为期 3 天，美国所有 50 个

▲ 柯克·莱尔斯（Kirk Liles）在冲过终点线后得到了一个拥抱

▲ 首届特奥会唯一的国际元素是来自邻国加拿大的运动员代表团

州都派代表参加。加拿大并不是唯一的国际代表队。1个来自法国的小型代表团也长途跋涉横跨大西洋来参赛。此次特奥会共有1500名运动员。

在接下来数年的发展中,特奥会转移到新的场地举办。年龄限制也被打破,以便让更多的人能够参加比赛。更多的国家派出了运动员代表团参赛。特奥会统一了比赛项目,允许智障运动员和正常运动员组队参加比赛。冬季运动会包括滑雪、单板滑雪、雪鞋行走和滑冰等冬季运动。特奥会走出了国门,夏季和冬季特奥会都曾在欧洲和亚洲的不同城市举办。

特殊人群世界运动会(The Special Olympics World Games),后来更名为特奥会,是体育比赛的最高赛事,但它们不仅仅是在国际大舞台上的表演。世界各地特奥会项目都组织了国家级、地区级和地方级的比赛。如今,超过172个国家的500多万名运动员,每年会参加特奥会比赛项目,只有少数人最终有机会获得特奥会的参赛资格,但特奥会更多的是庆祝参与,而不是仅仅奖励获胜者。

2019年第15届世界夏季特奥会在中东举行,来自190个国家的7500名运动员齐聚阿布扎比(Abu Dhabi)。选手们竞相争夺24个不同运动大项的奖牌。就像1968年一样,田径和游泳是核心赛事,但现在加入了许多其他项目,包括自行车、体操、排球和轮滑。歌手艾薇儿·拉维尼(Avril Lavigne)和妮可·舒辛格(Nicole Scherzinger)分别在开幕式和闭幕式登台献唱,600平方米的巨型屏幕和LED地板尽显奢华。

手持州旗入场以及礼貌的掌声,标志着军人球场1968年首届特奥会的盛大开幕,从那时起至今,特奥会已经走过了漫长的道路。特奥会的发展帮助智障人士走出了阴霾,让与世隔绝的儿童和成人都有机会体验体育比赛带来的乐趣。

▶ 15岁的特奥运动员艾米·福尔克（Amy Falk）和她的私人护理马西·舍勒（Marcy Scheele）在美国明尼苏达州的颁奖典礼上

▼ 2019年在阿布扎比举行的盛大开幕式，证明了特奥会早已今非昔比

特奥会的发展

举办特奥会的 50 多年见证了许多重要的里程碑事件

世界运动会
1968 年
首届特奥会取得了巨大成功

漂洋过海来参赛
1970 年
来自法国、美国和加拿大的运动员共同参加第二届特奥会

冬季特奥会即将到来
1977 年
首届世界冬季特奥会在美国科罗拉多州斯廷博特斯普林斯（Steamboat Springs）举行

走出美国
1993 年
冬季特奥会第一次走出美国，在奥地利的萨尔茨堡（Salzburg）和施拉德明（Schladming）举办

爱尔兰的欢聚盛会
2003 年
夏季特奥会首次走出美国，都柏林当时是东道主

获得官方认可
1988 年

国际奥委会认可并支持特奥会所做的工作；特奥会被认为取得了巨大成功

洛雷塔
1983 年

6 届特奥会金牌得主洛雷塔·克莱伯恩（Loretta Claiborne）赢得她的首枚奖牌

希腊奥德赛
2011 年

帕那辛纳克体育场是 1896 年和 2004 年奥运会的举办地，在雅典举行的夏季特奥会中也承办了相关赛事

安息吧，尤妮斯
2009 年

特奥会创始人尤妮斯·肯尼迪·施赖弗与世长辞

统一杯赛
2018 年

为纪念特奥会举办 50 周年，在芝加哥举行了一场国际统一足球锦标赛

1996年亚特兰大奥运会

盈利的奥运会

爱德华多·阿尔伯特

莫斯科、洛杉矶、汉城①、巴塞罗那、亚特兰大。

亚特兰大？它在哪儿？莫斯科、洛杉矶、汉城和巴塞罗那都是大城市，其中两个还是首都。巴塞罗那虽然不是西班牙的首都，但却是加泰罗尼亚的中心，至于洛杉矶，它是好莱坞的故乡，可能除了世界上少数几个城市之外，没有哪个城市比它更出名。但是亚特兰大呢？佐治亚州亚特兰大？

当亚特兰大被宣布为奥运会举办城市时，等待的记者中不乏有人在发稿前不得不先查找它的位置。这是美国一个州的二线城市，位置偏远，此外，这个州在美国内战期间一直是南方邦联的推动力之一。亚特兰大是小马丁·路德·金的出生地，

---

① 2005年韩国首都由汉城改名为首尔，1996年韩国首都仍称为汉城。——译注

百年奥运会开幕式

◀穆罕默德·阿里在1996年奥运会上点燃奥运主火炬

他为民权所做的不懈斗争，大部分都是在他的家乡展开的，这表明这座城市因长期根深蒂固的种族原因而分裂，不是奥林匹克运动寻求推广的那种多元文化中心。

这就是为什么亚特兰大和佐治亚州其他地区的人们如此热衷于将奥运会带到自己城市的原因之一，因为对他们而言，这座城市早已不同往日。美国南方已然今非昔比，亚特兰大人民希望世界其他地方看到这一点。

最热衷于将新南方向世人展示的人之一是比利·佩恩（Billy Payne），一名亚特兰大律师兼商人。他率先提出了在家乡举办奥运会的想法，并在20世纪80年代后期开始在当地居民和企业中争取支持。佩恩获得了亚特兰大市长安德鲁·杨（Andrew Young）及许多当地企业的支持。但是，佩恩没有要求该市的纳税人为申办奥运会买单，而是从个人和企业捐助者那里筹集了资金。事实上，当地人对亚特兰大的公司在他们的账单上增加了一小笔捐款来帮助支付投标费用的想法全力支持。消费者可以自主选择是否支付这笔费用，但几乎每个人都支付了，从而帮助筹集了申办奥运会所需的730万美元，这明显低于其他城市。

雅典也着手申办1996年奥运会，那一年恰逢希腊首届现代奥运会百年之际，大多数评论员都希望百年奥运会回归其发源地。事实上，雅典申奥团队主席斯皮罗斯·梅塔萨（Spyros Metaxa）也坚称，这届奥运会主办地非雅典莫属，因为这是"因其历史渊源而被赋予的历史特权"。但这样的措辞在国际奥委会那里并未得到认可，经过五轮投票，亚特兰大从其他申办城市那里获得选票，最终超过雅典，赢得了奥运会的主办权。当这个消息宣布时，亚特兰大的人们开始鸣笛庆祝，而教室里的孩子们则欢呼雀跃。

亚特兰大奥运会的成功申办植根于当地人民的支持，这在整个奥运会上体现得淋漓尽致。然而，这也就意味着亚特兰大奥运会不能指望政府出资拨款。

此届奥运会开支相对节俭，耗资17亿美元，资金来自企业赞助、出售电视转播权收益及门票收入。在奥运会结束进行收支结算时，这座城市实际上在整个盛会中获得了大约1000万美元的利润。然而，那些支付了5.4亿美元将自己公司的名字与奥运会相关联的企业赞助商，对奥运会的某些方面实施了垄断。例如，总部位于亚特兰大的可口可乐公司，成为奥运会软饮料的官方指定供应商，奥运场馆和奥运村不得提供其他品牌的饮料。

亚特兰大奥运会中泛滥的商业主义确实让人有些沮丧。然而，从长远来看，这届奥运会对后来产生了积极影响：从1997年到2016年，奥林匹克体育场成为亚特兰

三项运动首次亮相：山地自行车、垒球和沙滩排球。

▲ 安德烈·阿加西（Andre Agassi）为他的网球大满贯（Grand Slam）又增添了一枚奥运会金牌

被冤枉的英雄

保安理查德·朱维尔（Richard Jewell）挫败了一次恐怖袭击，却被媒体钉在了十字架上

7月27日，奥运会第八天，身为保安的理查德·朱维尔在公园人员密集区域的长凳下发现了一个可疑包裹，并立即报警。朱维尔和其他保安一起开始疏散附近人群，但还未等到所有人都撤离险地，炸弹就爆炸了。一名妇女当场被炸身亡，另有一名男子死于心脏病发作，111人受伤，但朱维尔的行动挽救了数十人的生命，他被誉为英雄。

但3天后，《亚特兰大日报》的头条新闻称，联邦调查局正在调查理查德·朱维尔。于是媒体开始争相报道，联邦调查局肆无忌惮的泄密事件引发了这场狂热。记者们在朱维尔的家门口蹲守，窥探他过去的方方面面。新闻广播公司报道说，朱维尔与母亲住在一起，他是一个幻想家，渴望成为警察，并成为英雄，是他自己埋下了炸弹，以便获得荣誉。朱维尔被纠缠不休，他家周围到处是记者，联邦调查局两次大张旗鼓地搜查了他的房子。

直到10月26日，联邦官员才终于承认朱维尔不是炸弹袭击制造者。尽管朱维尔被免除了罪责，但他发现他的生活在诸多方面受到严重影响。他于2007年被诊断出患有糖尿病，并于同年8月29日死于心脏病发作，年仅44岁。

◂理查德·朱维尔回到家中，遭到媒体的围攻

大勇士棒球队的主场，现在是佐治亚黑豹州立大学美式橄榄球队的主场。奥运村变成了学生宿舍。亚特兰大市中心的重建意义深远且影响长久。

本届奥运会对后世的影响在一定程度上源于其真正的成功。百年奥运会于7月19日星期五在百年体育场开幕。穆罕默德·阿里虽然身患帕金森病，但他还是点燃了奥运主火炬，比尔·克林顿（Bill Clinton）总统正式宣布奥运会开幕。由于当地居民对奥运会的大力支持，体育场和其他场馆在3周内座无虚席，现场氛围异常活跃，大大激励了运动员们再创佳绩。

本届奥运会共有197个国家派队参加，共计1.0318万名运动员参赛：其中男选手6806名，女选手3512名。共设271个比赛项目，共有4.7466万名志愿者，现场有1.5108万名媒体工作人员。

亚特兰大奥运会首次出现的3项运动项目是：山地自行车、垒球和沙滩排球。垒球作为奥运会比赛项目只在3届奥运会上出现过，2008年北京奥运会后，垒球从奥运赛事中退出，但在2021年举办的2020东京奥运会上再次出现。山地自行车和沙滩排球自亚特兰大首次亮相以来一直是奥运会比赛项目。荷兰的巴特·布伦特延斯（Bart Brentjens）和意大利的保拉·佩佐（Paola Pezzo）分获山地自行车的首枚男、女金牌；美国队的查尔斯·卡尔奇·基拉利（Charles 'Karch' Kiraly）和肯特·斯蒂夫斯（Kent Steffes）赢得了男子沙滩排球冠军，而巴西组合杰基·席

▲ 法国选手玛丽-何塞·佩雷克与迈克尔·约翰逊的成就相当，在200米和400米比赛中夺得金牌

尔瓦（Jackie Silva）和桑德拉·皮雷斯（Sandra Pires）赢得了女子沙滩排球冠军；美国队在垒球比赛中获得金牌。亚特兰大还举办了女子足球、女子击剑、轻量级赛艇和团体艺术体操等新比赛项目。

就个人表现而言，没有一个运动员以

绝对优势碾压众人,许多运动员都表现出色。卡尔·刘易斯（Carl Lewis）是20世纪80年代最伟大的运动员之一,他在跳远比赛中赢得最后一枚金牌后,结束了其奥运生涯,他的金牌总数达到了9枚。刘易斯在1984年、1988年和1992年都赢得过跳远金牌,在亚特兰大他获得了最后一枚跳远金牌,他还是100米短跑、200米短跑及男子4×100米接力的金牌得主。美国选手迈克尔·约翰逊（Michael Johnson）在200米和400米比赛中均摘得桂冠,法国选手玛丽-何塞·佩雷克（Marie-José Pérec）荣膺女子200米和400米赛跑双冠王。

在田径场外的网球场上,安德烈·阿加西是赛场赢家,在他已经赢得的网球大满贯中,又增添了1枚奥运会金牌,他成为第一位获得金满贯的运动员。来自中国香港的李丽珊在帆船帆板比赛中获胜,登上了冠军领奖台。在游泳赛道中,爱尔兰共和国的米歇尔·史密斯（Michelle Smith）赢得了3枚金牌和1枚铜牌,成为该国有史以来最成功的奥运选手,她的金牌来自400米自由泳、200米个人混合泳和400米个人混合泳（混合泳比赛需要游泳运动员必须游蝶泳、仰泳、蛙泳和自由泳）。史密斯在泳池中荣获3枚金牌的战绩被美国人艾米·范·戴肯（Amy Van Dyken）超越,后者赢得了4块金牌。在体操比赛中,乌克兰人莉莉娅·波德科帕耶娃（Lilia Podkopayeva）获得个人全能冠军,并在自由体操比赛中摘得金牌,成为自纳迪亚·科马内奇以来第一位获得如此成就的体操运动员。

到8月4日奥运会落下帷幕时,东道主美国队以44枚金牌和101枚奖牌总数轻松位居奖牌榜榜首,俄罗斯以26枚金牌居第二,德国以20枚金牌位列第三,中国以16枚金牌位列第四。英国在亚特兰大奥运会上只获得了1枚金牌:史蒂夫·雷德格

▲ 1996年奥运会第一次引入山地自行车比赛

▲ 爱尔兰奥运选手米歇尔·史密斯获得400米个人混合泳金牌

▲ 迈克尔·约翰逊赢得了 200 米金牌，并打破了世界纪录

雷夫（Steve Redgrave）和马修·品森特（Matthew Pinsent）在赛艇比赛中夺冠。对英国代表队来说，这是一次体育竞技的低谷，致使英国对其参赛方式重新进行了全面评估，从悉尼奥运会开始，这种评估带来了越来越多的成果。

1 万多名运动员参加了本届奥运会，但只颁发了 842 枚奖牌。但对于大多数参加比赛但没有获得奖牌的参赛者来说，参与了这场非凡盛会才是最重要的；有一句老生常谈，由奥运会创始人皮埃尔·德·顾拜旦男爵率先提出，后来被奉为真理，那就是："奥运会中最重要的，不是胜利，而是参与。"

2000年澳大利亚悉尼奥运会因种种原因而令人终生难忘。这届奥运会被誉为"世界舞台上最成功的盛会之一",并成为2012年伦敦奥运会的成功样板。美国以97枚奖牌高居榜首,俄罗斯位列第二,中国位列第三,东道主排名第四,英国位列第十。

2008 年北京奥运会

中国首届奥运会

斯科特·达特菲尔德

2008年8月8日，逾10亿人收看了北京第29届夏季奥运会开幕式盛况。世界各地的运动员齐聚这座中国大都市，在为期16天的艰苦角逐中，在37个竞技场内争夺28个运动大项产生的302枚金牌。

2008年奥运会是中国首次举办的奥运会，中国早在2001年就申奥成功。在接下来的7年里，北京进行了现代化改造。北京势必成为万众瞩目的焦点，为了做好准备，中国投资接近400亿美元，用于基础设施，包括交通系统翻新、新建全市设施和各种升级改造。

奥林匹克运动会一直宣扬团结友爱与世界和平的理念，中国在2004年宣布2008年奥运会口号——"同一个世界，同一个梦想"。

对于任何主办国来说，最大的挑战之

北京国家体育场，也就是众所周知的鸟巢

▲ 鼓手在开幕式上表演

一莫过于建造一个可以容纳运动员和观众的奥运规模的体育场。中国建造了一个可容纳9.1万个座位的体育场。人称"鸟巢"的北京国家体育场大约历时3年圆满收官，造价约为22.67亿元。

顾名思义，体育场的建筑设计让人联想到鸟类的杰作，尽管它高达69.2米。体育场由4.2万吨纵横交错的钢梁组成，由德国的赫尔佐格（Herzog）和德梅隆（De Meuron）建筑事务所设计。体育场建造时，保持了世界上跨度最大的钢结构建筑纪录。

奥运火炬接力以"团结"为主题，被称为"和谐之旅"，奥运圣火从雅典一路传递到本届奥运会主办地。在从希腊到北京历时130天的火炬传递中，火炬通过2.18万名火炬手跨越了13.7万公里，其中一部分传递路线是中国的一段长城。到达北京后，火炬前往中国最新的国家体育场，开启2008年奥运会。

作为在单届奥运会上赢得最多金牌的运动员，迈克尔·菲尔普斯被载入史册。

约10亿人观看了奥运会开幕式的壮观场面。2008名鼓手击缶而歌，敲响了北京奥运会开幕式的序曲，他们配合默契、整齐划一，气势磅礴的回音响彻整个体育场。

接下来是1.5万名表演者长达4个小时的表演。整个开幕式由电影《十面埋伏》的导演张艺谋担任总导演。

开幕式即将落下帷幕，前体操运动员李宁被绳子提起，他凌空漫步到体育场屋顶，跑向奥运主火炬并将其点燃。李宁的这一动作标志着204个参赛国之间的激烈竞争即将开始。

北京奥运会上有许多里程碑式的成就，包括众多的"第一"。阿富汗赢得了有史以来的第一枚奖牌，当时鲁胡拉·尼帕伊（Rohullah Nikpai）在男子58公斤级跆拳道比赛中获得铜牌。多哥也获得了第一枚奥运会奖牌，本杰明·布克佩蒂（Benjamin Boukpeti）在男子单人皮艇激流回旋比赛（kayak slalom event）

▲ 从左至右，在女子高低杠颁奖仪式上，银牌得主娜斯佳·柳金（Nastia Liukin，美国）、金牌得主何可欣（中国）和铜牌得主杨伊琳（中国）

中获得第三名；奈丹·图布辛巴亚尔（Tuvshinbayar Naidan）在男子100公斤级柔道比赛中获胜，为蒙古摘得第一枚奥运会金牌。2008年北京奥运会官方项目还增加了几个新赛事，包括女子3000米障碍赛、男子和女子小轮车（BMX）以及女子花剑（foil）和佩剑（sabre）比赛。

2008年奥运会上，总共有25项世界纪录被打破。其中两位参赛选手因其世界级的成就而占据了新闻头条。

尤塞恩·博尔特是第一位在一届奥运会上赢得三项短跑比赛的男选手，他是跑道上的风云人物。在2008年奥运会上，这位健步如飞的运动员打破了三项赛跑世界纪录。首先，博尔特以9.69秒的成绩创造了100米短跑的新纪录，然后以19.30秒的成绩打破了200米纪录。最后，他与牙买加队友一起打破了接力纪录，仅用了37.10秒就完成了4×100米接力赛。

美国游泳运动员迈克尔·菲尔普斯作

▲ 迈克尔·菲尔普斯庆祝自己赢得了本届奥运会第七枚金牌

▲ 尤塞恩·博尔特以9.69秒的成绩刷新了世界纪录，赢得了100米短跑冠军

为在单届奥运会上"赢得最多金牌"的运动员，被载入了史册。该头衔此前由美国游泳运动员马克·斯皮茨（Mark Spitz）保持，他在1972年赢得了7枚金牌。菲尔普斯在2008年奥运会期间获此殊荣，当时这位年仅23岁的年轻人在9天内参加了17场比赛，共计赢得8枚金牌。

奥运会期间获奖牌总数最多的是美国，共获得36枚金牌、38枚银牌和36枚铜牌。东道主中国斩获的金牌数量最多——总共51枚。

在获得盛赞的同时，严格的审查也会随之而来。在奥运会期间，一些比分和裁判的判罚受到质疑，这在任何一届奥运会中都司空见惯。

然而，古巴跆拳道选手安吉尔·马托斯（Ángel Matos）被取消比赛资格时，他并没有欣然接受，这场比赛他本可以赢得铜牌。马托斯暴跳如雷，他猛烈攻击裁判并飞脚踢向他的头部。结果，马托斯几乎立即被终身禁止参加所有世界跆拳道联合会（World Taekwondo Federation）锦标赛。

中国成功展示了世界上最优秀的运动员，除了这份荣耀，中国也借此机会推进教育改革并着力解决能源消耗问题。从一开始，东道主就将奥运会视为解决北京日益严峻的污染问题的契机。当时据估计，

剥夺金牌

许多运动员痛失金牌，他们本应早知如此

作为一届打破多项纪录的奥运会，2008年奥运会被载入史册。然而，在这届奥运会上，运动员被剥夺的奖牌数也创历史新高。

回顾2008年奥运会，许多人都将铭记世界上最出色运动员表现出来的运动实力。然而，在随后的几年里，越来越多的运动员使用药物来提高成绩，此类事件屡被曝光。由于使用了兴奋剂，2008年的获奖者中总共被剥夺了50枚奖牌（9枚金牌、21枚银牌和20枚铜牌）。

遗憾的是，由于一位同胞的行为，尤塞恩·博尔特痛失男子4×100米接力金牌。2016年，国际奥委会重新检测了454名2008年奥运会参赛选手的样本中是否含有违禁兴奋剂，博尔特的队友内斯塔·卡特（Nesta Carter）的样本在被检行列。卡特的样本显示甲基己胺（methylhexanamine）呈阳性，自2004年以来，甲基己胺一直被列入世界反兴奋剂机构（World Anti-Doping Agency）的禁用名单。

▲ 从左到右，男子4×100米接力金牌得主内斯塔·卡特、迈克尔·弗雷特（Michael Frater）、尤塞恩·博尔特和阿萨法·鲍威尔（Asafa Powell）

▲ 男子公路自行车比赛中，运动员沿着中国的一段长城骑行

奥运会将产生约120万吨二氧化碳，主要来自参赛运动员乘坐飞机往返时排放的气体，因此中国推出了植树计划并推进节能减排，着力减少多余的二氧化碳。

此举卓有成效：美国宇航局的一项研究发现，奥运会期间，通过各种机动车限行措施，二氧化碳排放量减少了2.65万吨至10.6万吨。以奥运会形成的环保意识为契机，中国继续制定政策着力解决污染问题。例如，整个北京市有1.5万台燃煤锅炉被更清洁的能源所取代。该市还将太阳能热水器的数量增加了17.6%。奥运会是中国的胜利，也是环保的成功。

伦敦击败了巴黎、马德里、纽约和莫斯科,成功获得2012年奥运会举办权,但它并没有因此高枕无忧,而是状况百出。从2011年英格兰骚乱后的早期安全问题到场馆问题,直到2012年7月27日奥运会开幕,伦敦一直在竭力克服种种困难。最终,东道主以65枚奖牌位列奖牌榜第三。

◀ 俄罗斯选手玛丽亚·萨维诺娃（Mariya Savinova）在2012年伦敦奥运会800米决赛中夺冠，但在被发现服用兴奋剂后，她被剥夺了冠军头衔并被禁赛

俄罗斯的兴奋剂丑闻

为什么俄罗斯运动员参加了比赛，
但体育迷却看不到俄罗斯国旗在东京上空飘扬

大卫·克鲁克斯

根据国际体育仲裁法庭（Court of Arbitration for Sport）的处罚，若俄罗斯运动员在2020年东京奥运会上获得奖牌，颁奖时不得奏响俄罗斯国歌。取而代之的，是彼得·柴可夫斯基（Pyotr Tchaikovsky）的《第一钢琴协奏曲》（Piano Concerto No.1）的一小段小夜曲。

2014年12月，德国ARD电视台播出了一部名为《禁药密档：俄罗斯如何制造出它的冠军们》的纪录片，此纪录片揭露了一些俄罗斯运动员在教练的指示下"系统性"地服用违禁药品。

纪录片一经播出，很多人纷纷辞职，包括时任全俄体育联合会（All-Russia Athletic Federatio）主席瓦伦丁·巴拉赫尼切夫（Valentin Balakhnichev）。他辞去了国际田联（the International Association of Athletics Federations，IAAF）财务主管的职务，此前国际田联表示将调查有关兴奋剂和俄罗斯试图掩盖使用兴奋剂的指控。世界反兴奋剂机

> 国际奥委会采取行动，取消了 111 名俄罗斯运动员的参赛资格。

构（WADA）成立了一个专门委员会进行调查。

次年，德国ARD电视台播出了第二部纪录片《兴奋剂的秘密：田径的阴暗世界》，该纪录片基于2001年至2012年间从208个国家的5000多名运动员中采集的1.2359万次血液测试的数据库。此数据库是与英国《星期日泰晤士报》（Sunday Times newspaper）联合获得的，数据显示，来自94个国家的800多名运动员中，1400多项检测结果异常。

在这些国家中，俄罗斯表现最差，据称，其30%的血液检测异常。乌克兰以28%位居第二，土耳其以27%排名第三，希腊以26%位列第四。摩洛哥（24%）、保加利亚（22%）、巴林（20%）、白俄罗斯（19%）、斯洛文尼亚（16%）和罗马尼亚（13%）位列前十。但令人震惊的是，对数据库的分析显示，俄罗斯在奥运会和世界锦标赛中超过80%的奖牌是由可疑运动员赢得的。

调查结果引起了轩然大波，也引发了关于记者如何能够设法掌握如此庞大的医学数据库的诸多疑问。国际田联被指控不作为，但它强烈驳斥，称其为"耸人听闻、令人不解"。

国际田联在一份声明中说："德国ARD电视台和《星期日泰晤士报》都承认，他

▲ 2017年，纪录片《伊卡洛斯》（Icarus）中格里戈里·罗琴科夫的镜头，他做证说，他拿到了俄罗斯运动员被类固醇污染的尿液，并用干净的样本进行了替换

▲ 俄罗斯总统弗拉基米尔·普京表示，他的国家从未组织大规模系统服用兴奋剂

们对数据的评估不能证明使用了兴奋剂。"并补充说，它希望在体育运动中杜绝兴奋剂，并且其检测技术一直走在最前沿。

2015年11月，世界反兴奋剂机构发布了一份报告，指控俄罗斯田径运动存在"国家有组织地使用兴奋剂"现象。它呼吁禁止其田径队参加国际比赛，国际田联迅速宣布暂停俄罗斯田径队的比赛。时任俄罗斯国家反兴奋剂实验室负责人格里戈里·罗琴科夫（Grigory Rodchenkov）被世界反兴奋剂机构指控为"掩盖阳性检测结果的核心人物"，他于次日辞职。

然而，第二年，罗琴科夫出现在《纽约时报》的版面上，指控在2014年索契冬奥会上运动员使用了高级兴奋剂。他说，他已经创造了能够让俄罗斯运动员表现得更好的物质，情报部门已经弄清楚了如何打开并重新密封尿液容器，从而可以替换样本。世界反兴奋剂机构进行了调查，理查德·麦克拉伦（Richard McLaren）教授在2016年7月的一份报告中表示，应该禁止俄罗斯参加2016年里约奥运会。

国际奥委会采取行动，取消了111名俄罗斯运动员的参赛资格，并禁止该国的田径运动员参赛，同时批准了278名运动员参加里约奥运会。相比之下，国际残奥委员会禁止了整个俄罗斯残奥会代表队参赛，这令俄罗斯总统弗拉基米尔·普京

▲ 雪橇运动员亚历山大·祖布科夫（Alexandr Zubkov）曾获2014年冬奥会金牌，但在被检测出服用兴奋剂后被收回了该金牌

（Vladimir Putin）无法接受，普京表示该禁令"超出了法律、道德和人性的界限"。

2016年12月，麦克拉伦发布了世界反兴奋剂机构委托的后续报告。据称，30个运动项目的1000多名俄罗斯运动员从2011年的"有组织使用兴奋剂的阴谋"中受益。报告中还指出，俄罗斯官员在清洁的尿液样本中添加盐、水和雀巢咖啡颗粒，以便它们在比重和外观上与使用过兴奋剂的样本相匹配，以欺骗检测人员。

俄罗斯指控世界反兴奋剂机构反俄，普京总统认为反兴奋剂机构的认定无效，他坚称他的国家从未有组织地使用兴奋剂。他在访问西伯利亚时说："在俄罗斯，我们过去没有、现在没有、我希望将来也不会有组织地使用兴奋剂。相反，将来我们会与使用兴奋剂斗争。"

这是普京在18名俄罗斯奖牌获得者被剥夺奥运头衔之际发表的讲话。由于兴奋剂检测明显呈现阳性，另外10名在接力比赛中赢得奖牌的运动员，也要归还他们的奖牌。

与此同时，俄罗斯反兴奋剂机构（RUSADA）正在接受英国反兴奋剂机构（UKAD）的监督，莫斯科国立大学致函世界反兴奋剂机构，告知其正在建立一个新的反兴奋剂实验室。俄罗斯还对罗琴科夫发出了逮捕令，要求将他从美国的新家引渡回国，罪名是滥用职权。

足球世界杯于2018年在俄罗斯举行，并在2017年底进行了抽签。此前，有消息称，2012年参加伦敦奥运会的两名俄罗斯运动员药检呈阳性，而俄罗斯运动员的226个样本中，有21个有问题。

普京坚称他的国家从未组织大规模系统服用兴奋剂。

往届奥运会举办时，维塔利·穆特科（Vitaly Mutko）任俄罗斯体育部（Russian FA）部长，而现在他是俄罗斯足协主席并担任普京总统的副手。在世界杯抽签的新闻发布会上，他最初表示，他不想对国际奥委会（IOC）即将就俄罗斯参与2018年冬季奥运会所做出的决定进行揣测，但随后他愤怒地进行了抨击。

他告诉记者："我们相信正当程序和无罪推论，这些证据有没有得到证实？集体惩罚的意义何在？你们应该公布所有被发现作弊的人。为什么只把俄罗斯踩在脚下？"

那一年，国际奥委会暂停俄罗斯奥委会参加韩国平昌冬奥会，但后来又撤销了这一决定，最后允许168名被选中的运动员以"俄罗斯奥林匹克运动员"的名义参加比赛。然而，在这些运动员中，仍有两名运动员的违禁药检结果呈阳性，被国际体育仲裁法庭判定服用了兴奋剂。

穆特科在2018年世界杯期间被解除职务。同年9月，对俄罗斯反兴奋剂中心的

▲ 俄罗斯运动员获准参加2016年里约奥运会，让这些体操运动员有机会赢得金牌

俄罗斯运动员将如何确保世界知道他们来自哪个国家？

俄罗斯希望在东京奥运会上，俄罗斯运动员的着装能体现自己国家的风格，因此俄罗斯委托运动服装制造商扎斯波特（Zasport）设计运动员的统一制服。服装的设计遵循了国际奥委会的指导方针，并在允许的范围内充分发挥。

因此，Polo衫和夹克上没有出现俄罗斯国旗，但国旗的三种颜色非常明显。俄罗斯奥委会主席斯坦尼斯拉夫·波兹德尼亚科夫（Stanislav Pozdnyakov）在展示制服时直言不讳，他说："我们使用了国旗的颜色。"

俄罗斯国旗有三条条纹——依次是白色、蓝色和红色——制服设计上运用了完全相同的色彩搭配。衬衫正面写着醒目的"俄罗斯"字样，印有俄罗斯奥委会标志。俄罗斯奥林匹克委员会是俄罗斯运动员参加东京奥运会的官方队名。

3年禁令也被解除。但对俄罗斯田联的禁令仍在继续，国际田联（现称为世界田径协会）对其禁令延长至2019年。事实上，12月，世界反兴奋剂机构对俄罗斯体育运动造成了沉重打击，这影响了其参加东京奥运会，因为有人发现，位于莫斯科的俄罗斯反兴奋剂机构实验室发布的实验数据已被篡改。

世界反兴奋剂机构对俄罗斯实施了为期4年的禁令，这让俄罗斯大为光火，因为这会影响俄罗斯参加2022年北京冬奥会、2024年巴黎奥运会和2022年世界杯。但这个决定得到了国际奥委会的支持。

▲ 东京奥运会之前发布的俄罗斯运动员服装

▲ 当俄罗斯运动员在 2018 年平昌冬奥会上夺得金牌时，奥林匹克运动会会旗升起

俄罗斯于2020年11月迫使世界反兴奋剂机构和俄罗斯反兴奋剂中心之间举行了为期4天的仲裁听证会，最后，行政法院的法官做出了新的判决。自12月开始，4年的禁令减少到2年，俄罗斯运动员被告知，他们可以以个人或团队身份参加东京奥运会及2022年世界杯。就像在平昌冬奥会上一样，运动员必须以中立身份参加比赛。这意味着俄罗斯国旗不会在东京上空飘扬，国歌也不会奏响，2022年冬奥会、2024年巴黎奥运会也是如此。这些规定引起了俄罗斯的强烈愤慨。

2021年4月，俄罗斯奥委会主席斯坦尼斯拉夫·波兹德尼亚科夫说："我们的奥运代表队拥有表明身份的所有要素。我们有俄罗斯奥委会的旗帜，上面有我们三色旗的颜色，我们还有官方装备，这些虽没有明确的标识，但我们的同胞和其他国家的粉丝都很容易认出我们。现在我们有了音乐伴奏。"事实上，俄罗斯代表队本身就是最好的标识。

疫情中延迟的东京奥运会

它被称为"历史上准备最充分的奥运会",
但2020年东京奥运会的准备过程并非一帆风顺

大卫·克鲁克斯

对于任何被选中主办这项最负盛名的体育赛事的国家来说,通往奥运会的道路都是荆棘丛生的。但对于2020年东京奥运会的组织者来说,这段旅程比大多数国家更加艰难曲折。

2013年9月7日,日本以60票对36票击败伊斯坦布尔,举国欢庆,东京开始着手准备2020年奥运会。东京曾在1964年举办过一次奥运会。"我要感谢奥林匹克运动中的每一个人,我们将举办一届精彩的奥运会。"在东京成为第一个两次举办奥运会的亚洲城市时,日本首相安倍晋三喜形于色地如是说。

这是一次重大的胜利,此前,日本克服了重重困境。就在两年前,日本发生了有史以来最强烈的地震并引发海啸,淹没了福岛核电站反应堆。这导致了核辐射泄漏,并迫使15万人搬离居所。对于一个申办奥运会的城市来说,这绝对不是好消息。

安倍首相回应了外界的担忧。他在申奥演讲中坚称:"地震与海啸从未对东京造成任何损害,也永远不会造成任何损害。"碰巧的是,它对申办成功确实没有造成任何影响。但是,在东京获得奥运会主办权后却争议不断,2016年,申办过程受到了审查。

世界反兴奋剂机构注意到了时任国际田径联合会(IAAF)主席拉明·迪亚

火炬接力终于在 2021 年 3 月 25 日在福岛拉开了帷幕。第二天,前奥运排球运动员大林素子在这里点燃了该县的庆祝主火炬

▲ 东京国立竞技场（the National Stadium in Tokyo）没有翻新，而是在2015年被拆除并重建——此举带来了无尽的麻烦

克（Lamine Diack）的儿子哈利勒·迪亚克（Khalil Diack）与负责伊斯坦布尔申办团队的土耳其官员之间的对话。从对话文字内容看，东京申办团队已经向钻石联赛（Diamond League）或国际田联支付了高达500万美元的赞助费，这可能影响了拉明·迪亚克对伊斯坦布尔的投票决定，而伊斯坦布尔的申办团队没有支付这笔款项。

2016年7月，又有人提出了一项指控。这一次，一家名为黑色消息（Black Tidings）的公司与拉明·迪亚克的另一个儿子帕帕·马萨塔·迪亚克（Papa Massata Diack）来往密切，该公司在3年前曾获得280万新加坡元的报酬。这笔交易被标记为"东京2020年奥运会申办"，日本奥委会（the Japanese Olympic Committee，JOC）表示，这笔款项用于咨询服务。但2020年东京奥组委董事会成员、时任东京奥委会主席竹田恒和因涉嫌腐败而受到调查。他于2019年从日本奥委会辞职，尽管他和马萨塔·迪亚克都否认存在任何不当行为。

但这并不是东京奥运会筹备过程中的唯一难题。作为申办奥运会的一部分，东京承诺建造10个新的永久性体育场馆，包括1个奥林匹克体育馆。最初的想法是翻新可容纳5.4万人的原国家体育场，但后来决定新建1个可容纳8万名观众的现代化比赛场馆，这项工作最终交给了英裔伊拉克女建筑师扎哈·哈迪德（Zaha Hadid），她设计了一个充满未来主义元素的竞技场，评论家们立即对它品头论足，说它像自行车头盔。

尽管备受争议，旧体育场还是在2015年5月被拆除，并为大胆的新设计做好准备。但是，建筑成本正在失控，达到了约2500亿日元。这不仅是最初预算的两倍，更有甚者，它恐将成为世界上最昂贵的体育场。这样的一笔巨额资金引起日本民众的不快，日本政府不得不重新慎重考虑。

对哈迪德设计的指责之一是，它的高度达到了70米，远远高于东京地区新建筑的20米限高。有人认为它与周围的建筑格格不入。日本决定重新开始，不仅要采用新设计，还要启用新建筑师。距离奥运会还有5年时间，但很明显，新建筑无法为另一场赛事，即2019年橄榄球世界杯（the 2019 Rugby World Cup）做好准备，这样就失去了一个主要收入来源，也无法实现这个体育场的另一个用途。

在要求新建筑师提出新的设计方案时，

▲ 东京水上运动中心，摄于 2020 年 2 月——这些场馆早已为奥运会做好了准备

> 隈研吾说，标准就是这样，难免会出现一些雷同之处。

原来的计划有所变化：放弃可伸缩的屋顶，将一些永久座位改为临时座位，减少占地面积，固定容量降至 6.8 万人，但如果在田径跑道上设置临时座位，则可容纳 8 万人。为了节省成本，也不再安装空调，但这又引发了其他担忧，即体育场对运动员来说会变得太热。

建筑师隈研吾竞标成功，后来建成的体育场是一个具有日本传统特色的竞技场。尽管如此，争议并未停止，因为哈迪德不仅声称日本体育理事会（Japan Sports Council）拒为她的作品设计付款且要求她放弃版权，她还说新设计与最初设计非常相似。隈研吾说，标准就是这样，难免会出现一些雷同之处。但他坚持认为设计理念是完全不同的。他坚持"这绝对是一座不同的建筑"。

日本举办奥运会的费用已经飙升至 1.8 万亿日元以上，大部分资金都花在了基础设施建设上。东京奥运会新建了 8 个比赛场馆，包括东京水上运动中心、梦之岛公园射箭场、海之森水上竞技场、武藏野森林体育广场、大井曲棍球竞技场、葛西皮划艇激流回旋中心和有明竞技场。除此之外，还修建了 10 个临时比赛场馆。另外，25 个现存的比赛场地需要做一些修葺：例

▲ 武藏野森林体育广场是羽毛球和现代五项赛事的举办地，奥运官员考虑将场馆人数限制在半满状态

▲ 新西兰冲浪运动员艾拉·威廉姆斯（Ella Williams）在巨型滑板下摆拍，纪念开幕式倒计时100天

如，日本武道馆已经焕然一新。所有这些场馆也将用于残奥会。场地的质量是毋庸置疑的。华丽的有明竞技场可容纳1.5万名观众，东京水上运动中心设有可调节游泳池。

这些场馆将成为东京市民未来多年的宝贵财富。但是，令人失望的是，由于新冠疫情，奥运会被延期举办，且在举办期间，没有外国粉丝，也没有游客。更严重的是，日本国内似乎没有民众支持。2021年4月，32.8%的日本民众希望奥运会改期，高达39.2%的民众认为应该取消奥运会。

事实上，只有四分之一的受访者希望奥运会继续举办，这是因为新冠疫情导致了巨大的健康担忧。即使到了 2021 年 4 月，也就是奥运会开幕前几个月，东京奥运会的负责人也不得不一再向世界保证，这项赛事一定会继续举行。平心而论，鉴于前期投入的巨额成本，没有哪个城市或国家真的愿意在这种情况下举办奥运会，但这就是日本不幸面临的局面。

并不是说 2021 年举办奥运会就容易得多。这一年，从 4 月 25 日到 5 月 11 日，东京宣布进入紧急状态，强制提供酒水服务的餐馆、酒吧和卡拉OK等场所停止营业。体育赛事也在空荡荡的体育场馆举行。此外，人们一直担心福岛核辐射，福岛是日本境内奥运会火炬传递的起点。运动员们也表达了对此行的担忧：朝鲜笃定宣布其运动员不会参加东京奥运会。

▶东京奥运会吉祥物（带有 2020 东京奥运会标志），用来纪念 2020 年奥运会开幕式倒计时 100 天

新推出的运动

2020 年东京奥运会的名单上将出现 5 个新运动项目

奥运会总是增加小众运动，2020 年东京奥运会也不例外。这一次，国际奥委会（IOC）允许 5 项新运动项目纳入这项赛事，首先需要考虑的是它们是否会吸引年轻人（从而促进体育遗产的有效利用并提高运动参与度），其次需要考虑它们将如何影响 2020 年东京奥运会，实现历史上首届性别平衡的奥运会目标。

攀岩运动是新增项目之一，参赛者将沿着 15 米的高墙竞速攀爬，跨越障碍，并攀爬到悬垂墙壁的最高点。参赛者在速度赛、抱石赛和先锋赛这三个项目上的表现决定他们能获得何种奖牌。

其他参赛者有望在下列运动中首次获得金牌：空手道（在日本武道馆举行）、冲浪（在日本太平洋沿岸的鹤崎冲浪海滩举行），以及碗池和街式滑板。

与此同时，棒球将回归赛场，这个项目自 2008 年北京奥运会以后就退出了奥运会，由此，2020 年东京奥运会的运动大项总数达到 33 个。棒球是日本的国球，这就是为什么东京奥运会组织者热衷于棒球回归的原因。日本也是世界上棒球打得最好的国家这一。

▲ 铁人三项比赛在东京台场海滨公园附近的海域举行，但人们对水质感到担忧

然而，到了7月23日，东京把筹备过程中的所有麻烦抛诸脑后，充分把握局面，乘势而为——正如国际奥委会主席巴赫所说，这是"历史上准备最充分的奥运会"，指的就是他们多用了1年时间准备。

尽管场馆内观众寥寥无几，但奥运会仍是电视转播的一项盛事，数十亿观众的目光聚焦日本和未来17天的体育赛事。对于巴赫来说，这届奥运会可能是"黑暗尽头的曙光"。来自200多个国家的近1.2万名运动员参加了奥运会和残奥会。

▲ 新的国家体育场将举办奥运会的主要赛事，这是在最初的设计方案被弃用后新建的场馆

◀ 2020年东京奥运会海报被工作人员移除,因为据说原会徽涉嫌抄袭,被迫停用

历经曲折的会徽

佐野研二郎遭到指控,原因是他设计的会徽与奥利维尔·黛比(Olivier Debie)设计的标志如出一辙

2015年,佐野研二郎首次公开2020年东京奥运会会徽的设计方案,但很快就有人指控他涉嫌抄袭。比利时设计师奥利维尔·黛比表示,这个会徽与他在2013年为列日剧院(Théâtre de Liège)设计的标志几无二致。

黛比和列日剧院向国际奥委会提起诉讼,反对采用佐野设计的会徽。诚然,从非专业人士的角度来看,这两种设计确实看起来几乎完全相同,主要区别在于增加了一个红色圆圈,这个红色圆圈除了代表日本国旗外,据说还象征着跳动的心脏和包容的世界。

佐野否认曾看过黛比的作品,东京奥组委首席执行官武藤敏郎说:"我们确信这两个标志截然不同。"即便如此,众怒之下,这个会徽,连同为残奥会稍作修改的版本,最终被迫停用。佐野受到指控,称他在之前设计的一个项目中也涉嫌剽窃。

随后举行了一场竞标,以此寻求新的会徽,公众参与投票,帮助确定最终的标志。2020年奥运会和残奥会的会徽最终由野老朝雄设计,并于2016年4月25日公之于众,会徽由方格图案组成。

仪式

151
点燃奥运圣火

158
申办奥运会

168
恪守传统

◀ 1952年，帕沃·鲁米（Paavo Nurmi）在赫尔辛基点燃圣火，这一年圣火首次通过飞机传递

点燃奥运圣火

奥运圣火是现代奥运会的重要组成部分，但它是如何变得如此具有象征意义的呢？

大卫·克鲁克斯

圣火是奥运会最具标志性的象征之一，但并非一直如此。1896年在雅典举行的第一届现代奥运会上，肯定没有圣火这一元素，虽然点燃圣火这种做法在希腊早就存在。

在古代奥林匹克运动会期间，古希腊人会保持神圣的赫斯提亚（Hestia）祭坛里的火焰持续不断熊熊燃烧，赫斯提亚是贞洁无瑕的女神，掌管着人间所有家灶。这种做法非常重要，因为人们认为火焰是神圣的，象征着至高无上的泰坦神（Titan）盗火者普罗米修斯（Prometheus）从希腊神宙斯那里偷走的火种。

古代奥运会开始时，在宙斯和他的妻

子赫拉的神庙里也会点燃圣火。但直到荷兰建筑师杨·威尔斯（Jan Wils）赢得了1928年阿姆斯特丹奥林匹克体育场的设计竞标，圣火才在现代奥运会首次亮相。

威尔斯创造了一个杰作：一个可容纳3.16万名观众的竞技场，外围是精心设计的红砖外墙，这为他赢得了当年奥林匹克建筑设计竞赛的金牌。特别值得一提的是一座40米高的塔楼，名为马拉松塔，其设计和建造目的是让火焰可以在顶部燃烧。

后来，1932年洛杉矶奥运会，除了将体育场馆座位容量扩大到10.1574万个之外，也将火炬纳入主体育场馆建设的一部分。而且，火焰在整个奥运会期间都在体育场东端的柱廊上方熊熊燃烧。但是，当奥运会于1936年在柏林举办时，火焰具有了更深远的意义。

柏林奥运会开幕两年前，其主要组织者卡尔·迪姆就提出了一个想法：通过组织一场接力活动，将圣火从希腊一路传递到德国主办城市，将古代和现代奥运会联系起来。此前并无先例，因为希腊人自己也从未尝试过火炬接力。然而，纳粹宣传部长约瑟夫·戈培尔认为，这将是展示德国的绝佳做法。

1936年7月20日，火炬传递以希腊奥林匹亚赫拉神庙遗址为起点。根据国际奥委会委员让·凯西斯（Jean Ketseas）的建议，使用抛物面镜来反射太阳的灼热光线，以便把热量汇集在焦点上，火炬内有气体燃料，当它靠近焦点时，火炬随之被点燃。这尊重了古希腊使用一个名为"斯卡菲亚"的半圆形凹面镜（skaphia）将太阳光线聚焦到干草上采集火种的方法。

希腊火炬手康斯坦丁诺斯·康迪利斯（Konstantinos Kondylis）是首位火炬手，他将火炬对准抛物面镜，十几名身着纯白色长袍的女人在一旁注目。然后，3331名火炬手准备沿着3187公里长的路线依次接力——他们共用了12天11夜的时间来完成圣火的火炬传递任务。

▲ 1992年，残奥会射箭运动员安东尼奥·雷博洛（Antonio Rebollo）将一支燃烧的箭射向巴塞罗那奥运会主火炬

▲ 1936年,奥运火炬有史以来第一次穿过柏林的街道,前往奥林匹克体育场

火炬过去曾在水面和空中传递。

每个火炬都是由武器开发商弗里德里希·克鲁普(Friedrich Krupp)制造的,尽管设计时采用了一种在任何天气下都能保持燃烧的镁燃烧元件,但它也只能燃烧10分钟。

即便如此,只要每个火炬手能保持自己的火炬持续燃烧,并在火炬熄灭之前到达下一个火炬手身边,圣火就会一直延续到奥林匹克体育场。在那里,德国总理阿道夫·希特勒见证了德国人弗里茨·席尔根(Fritz Schilgen)跑完最后一程,并用火炬点燃了主火炬。本次火炬传递活动按计划顺利完成,但是,第二次世界大战导致奥运会被迫中断,战后,这一传统才恢复。

圣火的起源现在写在《奥林匹克宪章》

▲ 1976年加拿大蒙特利尔夏季奥运会的圣火和主火炬

第13条中:"奥运圣火是在国际奥委会的授权下在奥林匹亚点燃的圣火。"随着时间的流逝,它已成为知识之光、精神之光和生命之光的象征,但在此过程中,相关的仪式在不断调整,也有一些象征性的做法,如迪米特雷利斯(Dimitrelis)下士(Corporal)在1948年伦敦奥运会火炬接力开始前脱下军装并放下武器,突显了人们对战后和平的渴望。

火炬传递之前,通常由一位扮演古希腊大祭司的女演员祈祷光明之神阿波罗发出太阳光,然后她在赫拉神庙点燃火炬,之后,火炬经由500名火炬手在希腊各地传递2000公里。火炬接力会在雅典的帕那辛纳克体育场稍作停留,这是一个完全由大理石建造的、令人印象深刻的多功能场馆。

帕那辛纳克体育场是第一届现代奥运会的举办地,也是将火炬移交给即将到来的奥运会组织者的交接场地,通常有大约3万名观众观看交接仪式,也会有一些助兴表演,比如希腊总统卫队表演、雅典市军乐队表演和30名身穿长袍的少女表演等。

2020年东京奥运会火炬接力仪式于2020年3月19日举行,由于新冠疫情,火炬接力仪式规模有所缩减。原计划在开幕式之前在日本各地巡回接力,然后于7月23日抵达东京新的国家体育场,但火炬传递后来暂停,直到2021年才重新恢复。

这是火炬传递首次搁浅,但这并不是火炬传递中唯一不同寻常的事情。除了跑步传递之外,火炬也曾在水上和空中传递。在1956年墨尔本奥运会开幕前6个月,该届奥运会的马术比赛在瑞典斯德哥尔摩举行。当时,火炬是由骑马者传递的。

虽然火炬也曾通过骆驼、独木舟、水下和太空(三次,尽管没有点燃)进行传递,但也许最不寻常的传递路段是1976年加拿大蒙特利尔奥运会的火炬传递,圣火传递过程中使用了热传感器、卫星信号和激光束。信号转化为火焰后，再从渥太华传递到200公里外的蒙特利尔。

不幸的是，那届奥运会上，雨水浇灭了奥林匹克体育场的圣火。一位名叫皮埃尔·布沙尔（Pierre Bouchard）的水管工大吃一惊，他决定迅速采取补救措施，随手抓起一张报纸，用打火机将其点燃，然后重新点燃了主火炬。然而，由于它不是纯粹的火种，奥运会官员们惊慌失措，他们再次扑灭火焰，并使用备用火炬来保持火焰继续燃烧。

那么这些备用火炬从何而来呢？每次从抛物面镜点燃初始圣火时，都会制作出多余的火炬，以防主火炬意外熄灭。多年来，备用火炬确实派上过用场。目前的火

▲ 1956年墨尔本夏季奥运会的真正火炬

圣火传递

一个富有创意的恶搞者如何用假奥运火炬愚弄了悉尼

请仔细观察左下方这张图片。你认为你能制作1956年墨尔本奥运会官方火炬的山寨版吗？

兽医专业学生巴里·拉金（Barry Larkin）认为他能做到。他把一条涂成银色的椅子腿和一个盛布丁的罐子粘在一起，然后把一条破旧的内裤塞进去，把内裤浸泡在煤油里，然后点燃。

这种尝试本来不会惹来世人的关注，但是拉金却"得寸进尺"。他不仅在奥运火炬传递中手持山寨版奔跑——当时，3万名观众为他鼓掌呐喊——而且还将它亲手交给了悉尼市长帕特·希尔斯（Pat Hills）。

组织者原本安排了另外一个人——哈里·狄龙（Harry Dillon）在悉尼市政厅向市长递交火炬。但警察不知道狄龙长什么样子，把拉金误认为是狄龙，并一路护送。

希尔斯接过燃烧的火炬，然后开始发表演讲。这时，一个助手惊慌失色地在希尔斯耳边低语，市长这才意识到自己被恶搞了。但此时的拉金早已消失在人群之中。

如今，我们回头看看这件事，可能会忍俊不禁，但当时的人们并不觉得很好笑，现场秩序需要恢复如初，10分钟后真正的火炬手出现了。

不过，这个故事还有其严肃的一面。拉金和他的8个朋友共同策划了他们的计划，为的是抗议火炬传递的纳粹起源。

▲ 奥运圣火在澳大利亚西北部布鲁姆（Broome）的凯布尔海滩（Cable Beach）上用骆驼传递，前往悉尼参加2000年奥运会开幕式

炬内部设有双火焰，其中一个是隐藏的，如果需要，隐藏的火焰可以用来重新点燃外部火焰。

主火炬的设计也发生了变化，尽管不一定是为了让火焰持续燃烧，而是在点燃方式和外观设计上增添了特色。我们在2004年见过的主火炬看起来像一片橄榄叶，4年后，主火炬却又似一个展开的卷轴。1992年，主火炬由一支燃烧的射箭点燃。2000年悉尼奥运会，运动员凯茜·弗里曼（Cathy Freeman）站在水中将圣火点燃，她四周围绕着火焰（她后来在400米比赛中夺得金牌）。

2004年，希腊将火炬传递到每一个宜居的大陆，让非洲和南美洲的人们也有机会第一次在自己居住的土地上亲眼看见奥运圣火。这并非易事：必须采取特殊措施，包括使用改装的矿灯，以便在波音747从一个国家飞往另一个国家时保持火焰的持续燃烧。

这次旅程始于3月25日，终于8月13日，横跨约7.8万公里，动用了1.13万名火炬手，取得了巨大成功，4年后，2008年北京奥运会再次上演这一壮举。

2008年，北京奥运会火炬接力以"和谐之旅"为主题，以"点燃激情，传递梦想"为口号，传递130天，总里程约13.7万公里。

◀希腊女演员西奥多拉·夏尔库（Theodora Siarkou）在2006年都灵冬奥会前的圣火采集仪式上扮演女祭司

▲ 在雅典帕那辛纳克体育场向下一任东道主移交奥运火炬仪式

申办奥运会

各国为举办奥运会进行了漫长而又艰苦的竞争，
但即使赢得了奥运会举办权，也不确定是否能将金牌收入囊中

大卫·克鲁克斯

▲ 1964年,世人将目光聚焦东京,它成功展现了日本最好的一面

2011年4月,石原慎太郎宣布东京有意申办2020年夏季奥运会和残奥会。东京未能成功申办2016年奥运会,但石原认为这次东京更有胜算,并相信日本已经从近些年的努力中吸取了教训。

在2016年奥运会的主办权争夺战中,东京曾与芝加哥、马德里、巴库、多哈、布拉格和里约热内卢激烈角逐。东京进入了四个候选城市的名单,但在第二轮四进三中惨遭淘汰,这为里约热内卢的胜利铺平了道路。这是日本第三次申奥失败——它曾提名名古屋申办1988年奥运会、大阪申办2008年奥运会。

当东京再次加入申办2020年奥运会行列时,柏林、釜山、开普敦、多哈、罗马和伊斯坦布尔已经表示了申办意向。日本这次实力足够强大,进入了五个候选城市名单,与伊斯坦布尔、巴库、多哈和马德里一决高下。在第一轮投票中,日本、伊

▲ 申办奥运会意义重大，需要重量级人物出面支持。2009年，时任美国总统巴拉克·奥巴马亲自出面，力挺芝加哥申办2016年奥运会

一样艰难。申办工作是如何运作的？申办城市必须跨越哪些障碍呢？

申办过程的第一步来自一个国家内部，往往是一国奥委会和政府之间的共同决定。通常来说，这需要远见卓识（也需要良好的耐力），因为需要考虑的事情太多，实际的申办过程在举办奥运会的前几年就开始了。

其中一个关键的考虑因素是成本：多年来，举办奥运会一直很烧钱，即使是1896年雅典首届现代奥运会也远远超支，实际花费超出了其预算（25万德拉克马）的6倍。随着越来越多的国家争相申办，举办奥运会的成本一路飙升。2016年里约奥运会耗资130亿美元，所以如今要想举办奥运会，确实得有强烈的意愿。

有时，申办奥运会的热情也会消退。2015年，德国汉堡居民投票反对申请举办2024年奥运会和残奥会，认为这笔钱可以更好地用于他途。罗马和布达佩斯也退出了申办队伍，只留下巴黎与洛杉矶正面交锋。国际奥委会（IOC）惊觉大事不妙，决定改革申办程序。因此，2017年首次决定一次性选出未来两届奥运会的主办城市。巴黎获得了2024年主办权，而洛杉矶成为2028年唯一候选城市。未来可能继续实施改革。

过去，申办城市需要提前9年提出申请。他们将有两年的时间来发表演讲、与国际奥委会会面、书面介绍奥运场馆、撰写报告力陈将奥运会带到申办城市的好处，等等。

斯坦布尔和马德里脱颖而出，日本票数高居榜首，成为夺冠热门，最后，它以60票对36票击败了竞争对手。公众支持率很高，日本欣喜若狂。在宣布日本成功申办奥运会之前，大约67%的东京市民支持申办，比前一年增加了23%。宣布日本为主办国后，国际奥委会评估委员会到东京进行了为期4天的考察，在向奥运会考察组成员展示用新的现代化场馆取代国家体育场的计划时，日本申办团队轻松自信，他们还邀请考察组成员参观了其他比赛场馆，如乒乓球赛场。

多年来，诸如此类的考察一直是举办奥运会和残奥会过程中的重要组成部分。各城市为了给国际奥委会留下深刻印象，都展现出雄心壮志，并使出浑身解数展示奥运会在本国的受欢迎程度。可以想象，这样看来，申办奥运会可能与参加奥运会

2020 年东京奥运会如何使用科技助力

东京以电子产品的领先地位而闻名于世,因此东京希望利用尖端技术也就不足为奇了。在 2020 年夏季奥运会上,随着智能体育场馆的发展,物联网技术大行其道,这些体育场馆将实况视频回放和实时统计数据流式传输到观众和运动员的移动设备上。

场馆内的观众不需要离开座位就可以订购食物,然后食物会被智能送达座位。当机器人在奥运设施周围走动时,观众还可以向其提出急需解决的问题。许多装扮成 2020 年东京奥运会吉祥物的机器人在现场提供服务。它们的面部识别摄像头将时刻关注安全隐患,与人类密切合作,确保奥运会更加安全。

人们可以使用 5G 网络,但必要的设施需要近在咫尺。东京厕所项目在奥林匹克体育场附近建造了一个悬浮厕所。外墙悬挂在内部建筑上,让人感觉厕所悬浮在半空中。下方的灯光更加增添了视觉效果。

▲ 工业机器人和服务机器人在 2020 年东京奥运会期间亮相

▲ 奥运会对一些主办城市来说意义非凡，几十年来人们一直在庆祝当地曾经举办过奥运会。2020年，悉尼庆祝奥运会举办20周年，在悉尼歌剧院大屏幕上放映本国奖牌获得者

然后，国际奥委会成员将开始投票。之后，他们会认真考察现有场馆的状态和预计新建场馆的计划。成员们还将考察奥运村、住宿条件、交通设施、电信设备、环境影响、天气状况、财务支出、营销策略、运动体验和安保措施等是否符合标准。长期以来，政府和公众的支持也同样举足轻重。

在之后选定主办城市时，奥委会考察组仍会考虑这些标准。事实证明，申办过程的一大问题是成本与日俱增。国际奥委会表示，希望通过长期密切对话来避免潜在的东道主枉费金钱。它还表示，实际上现在的重点是"与有意申奥的国家进行探讨，并保持沟通，但不提前做出承诺"，通过这种对话机制，可以提高申办方的成功概率。

分别组建夏、冬季奥运会举办地委员会（the Future Hosts Commissions for the Summer and Winter Games），这两个委员会将与潜在东道主保持对话，了解其申奥兴趣。更重要的是，奥运会举办地也不再囿于某一个城市。多个城市、整个地区、一个国家甚至多个国家都可以同时表达举办奥运会和残奥会的意愿。因此，我们可能也会越来越多地看到同时公布两届申办成功的城市，比如巴黎和洛杉矶。

国际奥委会主席托马斯·巴赫在2019

▲ 巴塞罗那因举办奥运会而焕然一新：奥林匹克港码头于 1991 年对公众开放，并于次年举办了帆船比赛

年宣布这些变化时表示："这是 2020 奥林匹克议程的革命性变革。"

为什么一些城市（现在还有一些地区或国家）如此热衷于举办奥运会呢？

以东京为例，它在 2011 年大地震前就提出申办意愿，地震过后仍然有意继续举办。不久之后，这座城市再次见证了奥运会为东京带来的积极影响，正如 1964 年奥运会过后对其促进作用一样。日本官方网站称："1964 年东京奥运会彻底改变了日本，增加了日本人对外界的认识，并促进了日本经济的快速发展。"简而言之，奥运会被寄予了厚望。

正因如此，可以实事求是地说，举办奥运会和残奥会是主办城市的荣誉勋章，它将有机会吸引各方投资，用于建设令人惊叹的世界级体育设施及可以长期使用的基础设施。奥运会可以在未来许多年创造就业机会，并吸引原本有意在别的城市投资的企业在该市投资。对于希望走出困境的国家来说，举办奥运会可能是理想的选择之一。

巴塞罗那也希望通过奥运助力城市发展，这个城市曾因缺乏投资而长期衰落。巴塞罗那从埃及进口了沙子并建成了一个迷人的码头，由此拥有了一处绵延两英里的人工海滩。这座城市还建造了多个城市公园，并修筑了数条环形公路，还拆除了

▲ 如果奥运会主办城市不知道如何妥善管理赛后场馆，这些场馆可能就会出现颓败之势

一些工业建筑，从此这座城市的魅力指数爆棚。

巴塞罗那通过奥运会实现了华丽转身，城市失业率大幅下降，旅游业也蓬勃发展。然而，这并不是说奥运会永远是一根神奇的魔杖。其缺点也显而易见，痛点也易被感知。

对一个城市来说，奥运会运作成功时，确实能使东道主受益。洛杉矶就曾在1984年盈利，因为它的设施基本到位，只需要改造升级。但千万不要误以为举办奥运会是致富的捷径。

实际上，大多数主办城市都亏损严重，2004年后的雅典就是典型的例子，据说雅典负债高达150亿美元，雅典的纳税人多

▲ 即使奥运会结束，场馆的修缮工作仍需一如既往，就像2012年伦敦奥运会之后，其场馆维护工作从未停止

▲ 曼彻斯特坚信奥运会能重新振兴这座后工业城市，这张照片摄于宣告其申办 2000 年奥运会失败的第二天早上

年来都在为奥运会财政赤字买单。事实上，有人认为正是奥运会导致了雅典2009年的经济危机，这一点让许多有意申奥的团队坐立不安、担心不已。

这就是国际奥委会希望保持对话的原因，它提出的关键问题之一是如何处理体育遗产。它希望东道主充分利用奥运会，把举办奥运会看成一次难得的机会，以尽可能积极的心态看待此项盛会，并继续吸引人们关注奥运。

东道主需要考虑奥运会结束后如何利用奥运会和残奥会场馆，否则奥运设施在闭幕后难免破败。我们已经看到活生生的例子了。2016年里约奥运会结束后，奥运场馆很快就变得破败不堪。再以2012年伦敦奥运会为例，由于决策不利，包括奥林匹克体育场在内的一些体育场馆一度陷入困境。

体育遗产不仅仅关乎建筑。许多组织者希望奥运会的体育精神能够在未来延续，激励年轻人参与运动，并在曾经对他们不利的领域带来新的机遇。

破产

蒙特利尔奥运会如何让这座加拿大城市身陷债务泥潭？

加拿大只举办过一次夏季奥运会：1976年奥运会。然而，蒙特利尔奥运会将令人终生难忘——即使是对当时还没有出生的人也影响深远。

1970年，蒙特利尔击败了莫斯科和洛杉矶，荣获奥运会举办权。虽然有6年的时间用来准备，但时间似乎还是太显仓促。直到1976年7月11日奥运会开幕之际，建筑工人仍在清理奥林匹克体育场。而当奥运会结束时，只剩下一个财务混乱的烂摊子。

据估计，蒙特利尔耗资1.2亿加元举办奥运会，这个费用超出了原计划的1250%。这座城市最终花了30多年才彻底还清债务，其财政状况一度瘫痪。

除此之外，还有更多糟心的事。体育场建设耗资过半，虽然它足够令人印象深刻，可以容纳7.3万人，但赛后它在很大程度上成了弃而不用的庞然大物。不仅如此，新西兰的全黑橄榄球队（All Black rugby team）曾到南非进行巡回赛[①]。由于国际奥委会允许新西兰参加1976年奥运会，导致22个非洲国家抵制了当年的奥运会。

---

① 当时南非正处于种族隔离下，其访南行为被视为对这一政策的间接支持。——译注

▶加拿大蒙特利尔的奥林匹克体育场，绰号"大O"，被某些人戏称为"欠了一屁股债"

恪守传统

百年来，奥运会开幕式和闭幕式上的重要仪式一直在不断演化

大卫·克鲁克斯

1984年洛杉矶奥运会开幕式上,法国运动员步入洛杉矶纪念体育场

开幕式和闭幕式就像一本书的前后两个封面，而奥运会是书写力量、耐力和体能的鸿篇巨制。但开幕式、闭幕式本身也极具吸引力。毕竟，大约10亿观众目睹了2008年8月8日北京夏季奥运会开幕式的盛况。

然而，开幕式和闭幕式成本不菲。北京历时4小时的开幕盛会耗资约1亿美元，1.5万名表演者齐聚鸟巢体育场倾情演绎，将中国的历史文化发扬光大。

伦敦也竭尽全力准备开幕式，花费了3500万美元，但奥运会结束后不久，伦敦经济就呈现毁灭性衰退。开幕式集中展现了著名电影导演丹尼·博伊尔（Danny Boyle）的杰出才华，让世界有幸一睹跳伞女王的别样风采（笨手笨脚的憨豆先生也现身现场）。

但奥运会开幕式和闭幕式的这些传统仪式还别有用意：这是东道主向世界展示其想象力的绝佳机会。几十年来，我们都见证了这些主办城市非凡的想象力——每一个主办城市都希望自己展示的开幕式和闭幕式更胜一筹。

情况并非总是如此。1896年雅典首届现代奥运会的开幕式就显得有些平淡无奇了。运动员按国家列队，然后进行了演讲、唱歌、合唱团唱诵奥林匹克圣歌，除此之外就几乎没有其他令人眼花缭乱的活动了。

1908年，当运动员跟随国旗入场的传统首次启用时，伦敦开幕式的情况开始有所改变。大约2000名运动员在伦敦新建的白城体育场亮相，在那里，他们受到了国王爱德华八世的接见。很快，开幕式和闭幕式就被定位为一场艺术表演盛会。

1912年，在斯德哥尔摩奥运会开幕式上，现代奥运会创始人皮埃尔·德·顾拜旦男爵要求运动员按照国家名字中首字母顺序依次进入会场。在那届开幕式上，有人唱了一首赞美诗，有人朗诵了祈祷文，国王古斯塔夫五世（King Gustav V）发表了讲话，随后是小号吹奏表演。

1920年安特卫普奥运会开幕式上，一些仪式被明文规定并固定下来。在这届奥运会开幕式上，奥运旗帜（旗帜上有德·顾拜旦设计的五环）第一次飘扬在奥运赛场上，奥林匹克誓言第一次响在耳边，也是第一次放飞鸽子以示和平（这些都是自"一战"以来首次出现的仪式）。

大多数情况下，1920年的这些仪式已经成为固定节目，只是在某些方面会进行微调。事实上，现在开幕式和闭幕式的整个流程已经相当成熟，每次开幕式上除了

希腊运动员总是首先入场，主要是因为希腊是奥运会的发源地。

▲ 1988年,奥运主火炬在汉城(现首尔)点燃,这是放飞鸽子的最后一年

赏心悦目的表演(开幕式上会进行一些文艺演出),一些固定的仪式总会毫无悬念地照例上演。

国际奥委会主席必须两次会见主办国的国家元首:一次是在举行开幕式的体育场入口处,另一次是在高级官员特定的看台上。

首先是升东道国国旗、奏国歌。接下来是文艺表演,表演中可以体现主办城市的特色。之后,就到了传统仪式上场的时间了,这些传统仪式会按照惯例一一上演。

最引人瞩目的是运动员入场式,它遵循着皮埃尔·德·顾拜旦制定的传统。运动员进入体育场,按国家分组列队,根据东道国的语言字母顺序依次入场[1]。有两个例外:希腊运动员永远都是首先入场,主

---

[1] 奥运会入场顺序曾经多以法文或英文字母顺序排列,但最近多届逐渐按照东道国语言文字的某种规律排列。——译注

▲ 1936年柏林奥运会的奥运火炬被带入体育场并点燃奥运主火炬

▶ 令人惊叹的烟花表演让闭幕式热闹非凡

要因为希腊是奥运会的发源地,而东道主总是最后入场。

每个国家的运动员在旗手的带领下依次入场,旗手由一个国家的奥林匹克协会精心推选。旗手身担队长之责,被视为荣誉的象征。

运动员全部入场后,就会放飞鸽子。这个仪式始于1896年雅典奥运会闭幕式,标志着一个国家的胜利。后来,作为和平的象征,鸽子出现在了1920年奥运会开幕式上。

那时,组织者使用的是真鸟,这种做法一直持续到1988年。不幸的是,那一年在汉城奥运会开幕式上放飞鸽子后,有些鸽子飞到了奥运主火炬上。当火炬传递结束点燃圣火时,电视机前的观众惊恐万分地眼睁睁看着它们被活活烧死。这就是现在不再放飞和平鸽的原因。

接下来按照流程会进行一系列致辞。首先是主办国组委会主席致辞,接着是国际奥委会主席致辞,最后主办国国家元首宣布奥运会开幕。《奥林匹克宪章》第55

条规定了开幕词。国家元首将说:"我宣布,第(序号数字)届(城市名)现代奥林匹克运动会开幕。"

宣布奥运会开幕后,奥运会会旗被带入体育场,随后展开并徐徐升起,这个传统可追溯到1920年。升奥运会会旗时会播放《奥林匹克圣歌》(the Olympic Hymn),圣歌由希腊歌剧作曲家斯皮里顿·萨马拉斯(Spyridon Samaras)作曲,希腊诗人科斯蒂斯·帕拉马斯(Kostis Palamas)作词。

《奥林匹克圣歌》首次亮相是在1896年奥运会上,但后来举办奥运会的国家往往要求演奏自己国家创作的会歌。1958年国际奥委会官宣《奥林匹克圣歌》为奥运会会歌,不再演奏其他国家创作的歌曲。自1960年以来,每届奥运会都会播放《奥林匹克圣歌》。

接下来还会进行宣誓仪式。首先是运动员代表宣誓,承诺会尊重并遵守比赛规则,这一传统可追溯到1920年。然后是东道国的官员代表宣誓,承诺会保证比赛公

问题层出不穷

各国入场式可能会将潜在的问题凸显出来

伦敦在 1908 年举办第一届各国入场式时，争议不断。迟到的芬兰运动员被迫最后入场。有人告诉他们需要跟着俄罗斯国旗入场，但他们断然拒绝。

当时的芬兰还没有正式国旗，但运动员们希望从下列三种方案中任选其一入场：芬兰国徽，带有"Finlandia"字样的旗帜，或者写有"Suomi-Finland"的旗帜。

上述三种方案都被组织者拒绝了，他们让运动员走在旗手身后，旗手手里举着一块从更衣室门上取来的纸板，上面写着："芬兰"。然而，其他问题也层出不穷。

1908 年，爱尔兰裔美国旗手拉尔夫·罗斯（Ralph Rose）拒绝在东道国首脑面前倾斜国旗，一些历史学家说这是由于他蔑视英国人。1936 年奥运会中，他们也拒绝向阿道夫·希特勒倾斜国旗，此后这便成为美国的传统做法。

有时，运动员也不能跟随自己的国旗入场。1980 年，美国发起抵制莫斯科奥运会运动。这导致在本届开幕式上，英国和爱尔兰代表在奥林匹克旗帜下进入体育场。

▲ 2004 年，冰岛流行歌星比约克（Björk）在雅典奥运会开幕式上倾情献唱

平公正，这一传统产生于 1972 年。2012 年，又增加了一项内容：教练员代表宣誓，承诺发扬体育精神。①宣誓结束后，开幕式将进入尾声。从希腊奥林匹亚一路传递的火炬，由最后一名火炬手带入体育场，然后绕体育场一圈，随后点燃奥运主火炬，火炬一直熊熊燃烧，直到闭幕式熄灭，这一传统始于 1928 年。

那闭幕式上会有哪些节目呢？当然，闭幕式也会有文艺表演和传统仪式，但闭幕式更像是一个狂欢派对，是运动员庆祝和放松的大好机会，艺术节目简短精彩，

---

① 在 1968 年墨西哥城奥运会的开幕式上，裁判员宣誓被首次列入仪式程序当中。——译注

流行音乐嗨翻全场。闭幕式上也会升东道国国旗、奏东道国国歌。虽然有跟入场式一样的出场顺序，但运动员可以不拘顺序、打破国界自由离场。

这个传统也由来已久。1956年，澳大利亚学生约翰·伊恩·温（John Ian Wing）给国际奥委会写了一封匿名信，建议运动员们打成一片，认为这是和平的象征。他认为体育可以促进团结，"和平出场"是促进团结的第一步。

所有运动员入场后，将举行最后的颁奖仪式，通常男子马拉松是收官之赛，参赛者在闭幕式之前跑到终点。这有力地提醒人们，体育成就可以促进团结。

闭幕式也高度重视普通人的工作。正因如此，新当选的国际奥委会运动员委员会成员会将一束鲜花献给一位志愿者代表，以示感谢。然后，随着希腊国歌的奏响和希腊国旗的升起，下一届奥运会主办国国旗也徐徐升起。①

在奥林匹克会旗被带出体育场前，本届奥运会主办城市市长将会旗交给国际奥委会主席，由其交给下届奥运会主办城市市长，就像火炬的传递一样。自1976年以来，下一个主办城市可以举行一场10分钟以内的小型艺术表演来介绍自己，这也是一个推广国家文化的好机会。

奥运会闭幕式即将进入尾声。国际奥委会主席致闭幕词后，奥运圣火熄灭，奥运会结束。人们开始关注4年后的下一届奥运会，但刚刚过去的奥运会肯定给人留下了许多快乐的回忆。

▲ 作为国家元首，英国女王伊丽莎白二世在2012年伦敦奥运会开幕式上发表讲话

---

① 在闭幕式上会依次升希腊国旗、本届奥运会主办国国旗、下届主办国国旗，同时奏主办国国歌。——译注

奥林匹克运动员

178	198
尤塞恩·博尔特	维拉·恰斯拉夫斯卡
182	**200**
杰基·乔伊纳-克西	爱丽丝·科奇曼
186	**204**
纳迪亚·科马内奇	加藤泽男
190	**206**
阿拉达尔·格雷维奇	拉里莎·拉蒂尼娜
194	**210**
西蒙·拜尔斯	斯凯·布朗

尤塞恩·博尔特

凭借令人难以置信的速度,
这位运动员成为有史以来速度最快的人

多米尼克·伊姆斯

奥运会参赛时间:2004 年、2008 年、2012 年、2016 年

▲ 博尔特被大家公认为有史以来最伟大的短跑运动员,他保持着 100 米、200 米和 4×100 米接力赛的世界纪录

可以免费做白日梦，但实现梦想却要付出以下代价：时间、努力、牺牲和汗水。

尤塞恩·博尔特被大多数专家公认为田径史上最伟大的短跑运动员，但他最初并不想成为田径明星。他年龄尚小的时候，曾热衷于踢足球。

博尔特出生于牙买加特里洛尼区（Trelawny Parish），父母是杂货商。他出生于1986年8月21日，曾梦想长大后为欧洲足球巨头皇家马德里（Real Madrid）或曼联（Manchester United）效力。尽管他对足球运动充满热情，但他还是被人说服投身田径运动。

乍一看，这个转型似乎困难重重，但他逐渐看到了曙光。这位年轻的短跑运动员是个神童。15岁时，博尔特在牙买加举行的世界青年田径锦标赛（the World Junior Championship）上赢得了200米金牌。16岁时，他以20.13秒的成绩打破了青少年组（19岁及以下）200米纪录。17岁时，他以19.93秒的破纪录成绩成为第一位在200米比赛中跑进20秒以内的青年。然而，由于他的腿伤后遗症，2004年雅典奥运会上他遗憾败北，他的连胜纪录戛然而止。

伤病并没有阻止年轻的博尔特的职业生涯，但确实放慢了他的速度。然而，在他职业生涯的这个阶段，挫折被证明是一件好事。博尔特更加专注，重新投入训练中并收获了丰硕的回报。他凭借坚强的毅力在2007年世锦赛上获得了银牌。一年后在纽约，博尔特击败了100米世界冠军泰森·盖伊（Tyson Gay），创造了9.72秒的100米新世界纪录。

之后博尔特来到了职业生涯的巅峰时期，成为全球现象级人物，并在2008年、2012年和2016年奥运会上一直保持最佳表现。博尔特完成了史无前例的"三连冠"——连续三届奥运会在100米、200米和4×100米接力赛中赢得金牌——共计9枚金牌，与芬兰的帕沃·鲁米和美国的卡尔·刘易斯的金牌总数齐平；然而，他后来被剥夺了一枚在2008年北京奥运会上赢得的金牌。

除了奥运会上的成绩，他还赢得了11个世界冠军头衔，并且仍然保持着100米9.58秒和200米19.19秒的世界纪录，这两项世界纪录都是他在2009年柏林世界田径锦标赛上创造的。

近年来，围绕牙买加4×100米接力队的兴奋剂丑闻和金牌争议不断，尽管如此，博尔特作为顶级短跑运动员的声誉未受玷污，他的正直也无可置疑。每次踏上赛道，他都巩固了自己作为当代最伟大跑者的传

▲ 在 2008 年北京奥运会上，博尔特以 19.30 秒的成绩打破 200 米世界纪录

奇地位。他不仅是一位了不起的运动员，还是一个颇具个性之人，其个人风格和个人魅力闻名遐迩。他在远远领先对手冲过终点线时做出的"嘘"的手势和"闪电博尔特"的庆祝动作成为他的标志性动作，广为人知。

2017 年，他在伦敦田径世锦赛 4×100 米决赛中腿筋受伤，这成为他的最后一场比赛。他在队友的帮助下最后一次越过终点，此后宣布退役。回顾他的职业生涯，博尔特认为他的牺牲和努力是其成功的基础。

"我知道这一刻终会到来。"他以一贯的口吻说道："我对此百感交集。我无法用言语来形容我的三连胜。我会怀念这项运动，我会怀念奥运会，因为这是任何运动员能够参加的最大赛事。而我已经证明了我是这项运动中最伟大的运动员，对我来说，我的使命已经完成。"

博尔特的职业生涯虽充满了起起落落，但是顺境还是远远多于逆境。他一直都是冠军，但在2016年奥运会之后，他知道自己的时代即将落幕。几乎可以肯定地说，未来他的世界纪录终会被打破，但他的影响力将不可撼动。

▲ 因一名队员服用兴奋剂，牙买加队在接力赛中的奖牌被收回

令人难忘的兴奋剂丑闻
一人之错，全队遭殃，后患无穷

尤塞恩·博尔特的职业生涯堪称完美，那个明显的污点并非他的过错，却让他付出了巨大的代价。在2008年北京奥运会期间，博尔特的队友内斯塔·卡特卷入了一起兴奋剂事件。

2008年奥运会结束近9年后，2017年1月，国际奥委会做出了决定：由于卡特的违规行为，收回牙买加2008年4×100米接力的金牌。卡特被发现体内含有兴奋剂甲基己胺，这在2016年的调查中得到了证实。

由于卡特服用了兴奋剂，牙买加接力队付出了惨重的代价。博尔特、卡特、阿萨法·鲍威尔和迈克尔·弗雷特都被迫交还金牌。对于博尔特来说，这意味着他的奥运会金牌数从9枚减少到8枚，他历史性的"三连冠"将不复存在。金牌最后颁发给了特立尼达和多巴哥（Trinidad & Tobago）队，他们原本在2008年获得了亚军。

这次丑闻事件中，尤塞恩·博尔特是无辜的，但他仍对失去金牌而倍感沮丧，他不断谴责服用各类兴奋剂的行为。在最后一场比赛后的新闻发布会上，他强调，体育界不应该留有任何余地，不能让非法使用药物来提高成绩的行为大行其道。他说："我一直坚决反对服用兴奋剂，我觉得服用兴奋剂的运动员应该被终身禁赛。如果为了成为更出色的运动员而不遗余力地弄虚作假，我觉得他就应该被终身禁赛，这是事实。"

杰基·乔伊纳-克西

认识一下这位 6 块奥运会奖牌得主

杰西卡·莱格特

奥运会参赛时间：1984 年、1988 年、1992 年、1996 年

▲ 乔伊纳-克西在 1984 年奥运会上参加女子跳远比赛

杰基·乔伊纳-克西被《体育画报》(Sports Illustrated)评为20世纪最伟大的女运动员，1962年3月3日出生于美国伊利诺伊州东圣路易斯。1975年，她在电视上观看了一部关于贝比·迪德里克森·扎哈里斯（Babe Didrikson Zaharis）的电影《贝比》后深受启发，于是决定参加田径比赛，贝比·迪德里克森·扎哈里斯被公认为有史以来最伟大的运动员之一。

乔伊纳-克西在高中时参加过许多运动，获得过篮球奖学金，之后就读于加州大学洛杉矶分校。1981年，她在助理田径教练鲍勃·克西（Bob Kersee）的指导下，开始在加州大学洛杉矶分校进行七项全能训练，并于1986年与他结为伉俪。

乔伊纳-克西最终代表美国连续参加了4届奥运会，她的奥运首秀是在1984年洛杉矶奥运会上。她作为女子七项全能冠军的热门人选参加比赛，然而，她最终以6385分获得银牌，仅落后澳大利亚选手格林尼斯·纳恩（Glynis Nunn）5分。

乔伊纳-克西在1988年汉城奥运会上弥补了这一遗憾，在那届奥运会上她赢得了跳远和七项全能两枚金牌，成绩分别为7.40米和7291分。乔伊纳-克西不仅成为第一位在跳远比赛中赢得奥运会金牌的非洲裔美国人，而且她的七项全能成绩刷新了该项目的世界纪录，直到30多年后的今天仍无人能破。

在1992年巴塞罗那奥运会上，她以7044分的成绩卫冕七项全能金牌，成为

▲ 乔伊纳-克西在1988年汉城奥运会上获得女子七项全能金牌后的照片

第一位连续获得该项目奥运会金牌的女性。乔伊纳-克西还在本届奥运会上以7.07米的成绩获得了跳远铜牌。

在乔伊纳-克西最后一次参加奥运会——1996年亚特兰大奥运会时，她在选拔赛中右腿筋受伤，比赛受到了影响。在七项全能比赛开始之前，她的伤势还没有完全恢复，由于疼痛，在第一项100米栏比赛后，她被迫退出了比赛。

她是第一位非洲裔美国跳远奥运冠军。

尽管在前五轮比赛中排名第七，乔伊纳-克西在跳远项目中仍斩获1枚铜牌。这是她本次奥运会参加的唯一项目，她的最后一跳成绩为7.00米，足以让她跃居第三，并帮助她赢得了最后的奥运会奖牌。

除了奥运生涯，乔伊纳-克西还参加了几届世锦赛，从1987年至1993年共赢得了4枚金牌。她曾4次参加友好运动会，在1986年莫斯科第一届友好运动会首次亮相时，她成为第一个在七项全能比赛中得分超过7000分的运动员。乔伊纳-克西于1998年宣布退出田径比赛，并在美国篮球联盟短暂地做过职业篮球运动员。2000年，她试图获得悉尼奥运会跳远项目的参赛资格，但遗憾落选，她于次年正式宣布退役。

▲ 1992年奥运会女子七项全能金牌得主乔伊纳-克西在100米栏比赛中折桂

▲ 乔伊纳-克西在 1996 年亚特兰大奥运会上参加女子跳远比赛

纳迪亚·科马内奇

这位罗马尼亚体操运动员完成了前所未有的壮举：获得满分 10 分

多米尼克·伊姆斯

奥运会参赛时间： *1976 年、1980 年*

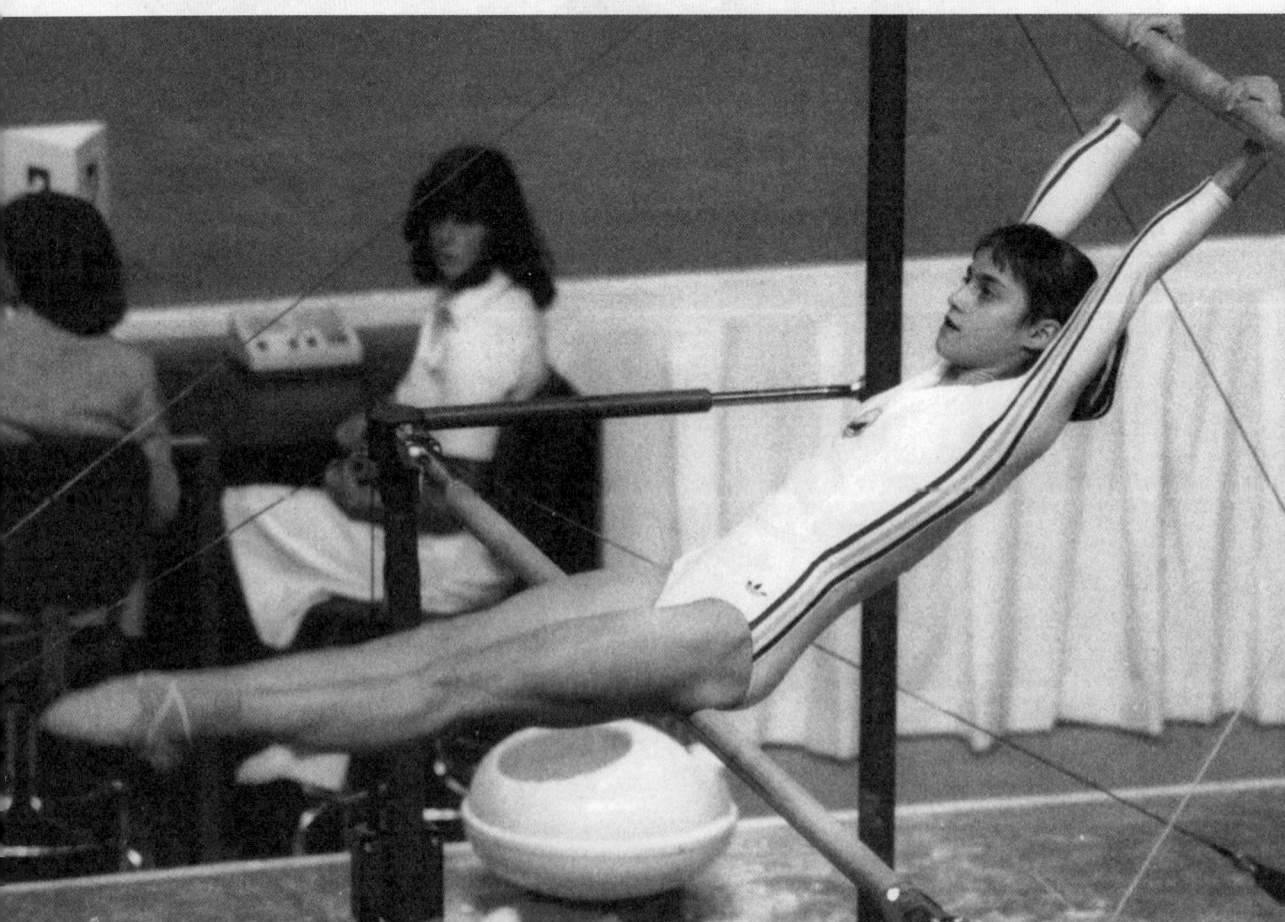

▲ 1976 年，在蒙特利尔奥运会上，纳迪亚·科马内奇表演了她堪称传奇的高低杠动作

奥运选手多年来一直进行高强度训练，希望每4年就能达到完美的状态，但在1976年蒙特利尔奥运会之前，无人能够如愿以偿。那一年，历史被改写，一位罗马尼亚14岁女孩让世界震惊瞩目，她把体操表演带给了观众，并获得了满分10分的完美成绩。

纳迪亚·科马内奇在高低杠上的23秒表演，可以说是前所未有、堪称完美，以至于记分牌无法显示"10.00"，而只能显示"1.00"。[①]这位年轻有为且意志坚定的罗马尼亚运动员并未就此止步。

在之后的体操比赛中，她又获得了6个满分，同时还斩获了平衡木和个人全能金牌、团体赛银牌和自由体操铜牌。虽然她的对手、苏联冠军涅利·金（Nellie Kim）也摘得3枚金牌，获得了个人满分，但所有人的目光都集中在科马内奇身上。她从蒙特利尔载誉而归，立即成为奥运传奇人物和全球超级巨星。

虽然年纪轻轻，但在参加奥运会之前，科马内奇已经是多个青少年比赛和成年比赛的冠军。6岁时，科马内奇被体操教练贝拉和玛尔塔·卡罗利（Bela and Marta

▲ 科马内奇喜获金牌

> 她从蒙特利尔载誉而归，立即成为奥运传奇人物和全球超级巨星。

---

① 蒙特利尔奥运会主办方首次使用电脑积分，但是由于电脑没有准备输入满分程序而无法显示10分。——译注

▲ 这张多重曝光照片展示了科马内奇平衡木夺金的精彩瞬间

Karolyi）夫妇发现，他们彼时正在推行体操运动，在训练方面要求甚是严苛。在他们的训练下，科马内奇9岁时就赢得了罗马尼亚国民赛冠军，在1975年的第一届欧洲体操锦标赛上获得了4枚金牌和1枚银牌，并在首届美洲杯上一举夺冠。

科马内奇在蒙特利尔之后续写辉煌，在欧洲锦标赛上保住了个人全能和高低杠冠军，但名声、期望和压力让她娇小的身躯有时无法承受。在被迫离开卡罗利夫妇后，科马内奇变得非常痛苦，15岁时她甚至试图喝漂白剂自杀。她熬了过来并继续参加比赛，在1978年体操世锦赛上赢得了女子平衡木项目金牌，之后被允许与卡罗利夫妇团聚。后来，她在1979年赢得了她的第三个欧洲全能冠军，此外还斩获了跳马和自由体操的金牌及平衡木的铜牌。

1980年，科马内奇在莫斯科奥运会

上再创辉煌,再次赢得2枚金牌和2枚银牌——尽管她在全能比赛中以不到0.1分的微弱差距输给了苏联的埃琳娜·达维多娃(Elena Davydova)。1996年,她嫁给了奥运冠军、美国体操运动员巴特·康纳(Bart Conner)。然而,她仍然作为罗马尼亚体操联合会和罗马尼亚奥委会的名誉主席,为她的出生国服务。

科马内奇荣誉等身,曾两次获得奥林匹克勋章,这是国际奥委会可以授予的最高奖项,她也是有史以来第二位入选国际体操名人堂的运动员。

▲ 两届奥运会上,科马内奇共赢得了5枚金牌(包括2枚平衡木金牌)、2枚银牌和1枚铜牌

阿拉达尔·格雷维奇

奥运会佩剑比赛中,匈牙利独占鳌头,而阿拉达尔·格雷维奇在匈牙利队中更是无人能及

多米尼克·伊姆斯

奥运会参赛时间:1932 年、1936 年、1948 年、1952 年、1956 年、1960 年

▲ 在 1948 年伦敦奥运会上,格雷维奇赢得了个人佩剑和团体佩剑的金牌

▲ 格雷维奇因在6届奥运会中的表现赢得了"有史以来最伟大的奥运剑客"的雅称

在备战1960年罗马奥运会前夕，匈牙利队的资深击剑运动员阿拉达尔·格雷维奇被告知，他年龄太大，无法参赛。他十分生气，因为他相信自己仍然能够在奥运会上再展雄风，他向每一位队员发起了挑战。他击败了所有人，之后被立即恢复了参赛资格。格雷维奇参加了比赛，并带领匈牙利队连续第六次卫冕团体佩剑金牌。

格雷维奇被誉为"有史以来最伟大的奥运剑客"，他取得了其他任何运动项目的运动员都难以复制的成就：他在6届奥运会上斩获了同一比赛的金牌。从1932年到1960年，作为匈牙利击剑队的领军人物，他是匈牙利几十年来占据佩剑比赛霸主地位的主要原因。

事实上，他本可以参加更多的比赛——"二战"期间有两届奥运会被迫取

正是在佩剑比赛中，格雷维奇及其所在的匈牙利队表现出色。

消,当时格雷维奇正处于职业生涯的巅峰时期。

击剑运动分为三个剑种:轻巧灵活的花剑,用剑尖刺中对手的躯干才能得分;重量较大的重剑,用剑尖击中对方才能得分;而佩剑,砍中或刺中对手都能得分。在奥运会上,每种剑型都有个人比赛和团体比赛。正是在佩剑比赛中,格雷维奇及其所在的匈牙利队表现出色。在1932年洛杉矶奥运会上,年仅22岁的格雷维奇帮助匈牙利佩剑队蝉联了1928年的团体冠军,而他的同胞杰尔吉·皮勒(Gyorgy Piller)则获得了个人金牌。

不过,格雷维奇是匈牙利击剑界的后起之秀。1932年,他赢得了他的第一个世锦赛金牌,1936年柏林奥运会上,他只输了两场比赛,再次帮助匈牙利佩剑队夺冠。他还获得了个人首枚奖牌(1枚铜牌)。

◀ 1932年,匈牙利选手阿拉达尔·格雷维奇开始了他28年的奥运之旅

▶ 1960 年，匈牙利佩剑队庆祝格雷维奇的第七枚金牌

击剑实际上成了他的家族事业，因为他的妻子埃尔娜·博根（Erna Bogen）、儿子帕尔（Pal）和岳父阿尔伯特（Albert）最终都成为奥运会奖牌得主。

"二战"结束之后，1948年奥运会有望在伦敦再次举行，格雷维奇也重回赛场，他更加所向披靡。匈牙利佩剑队连续夺金的势头未被中断，而格雷维奇在个人比赛中以19胜1负的战绩，夺得金牌。1924年至1964年的每届奥运会上，匈牙利运动员在男子佩剑个人赛中连续赢得金牌，格雷维奇也因自己的这块金牌荣列其中。

在1952年赫尔辛基奥运会上，除了团体佩剑金牌外，他还获得了个人佩剑银牌、团体花剑铜牌，以及另外两个世界冠军的头衔。当然，匈牙利佩剑队还在其他比赛中获得了更多的金牌，最后一次夺金是在1960年的罗马。在6届奥运会比赛中，格雷维奇总共获得7金、1银和2铜的辉煌战绩。他一直保持着奥运选手获得第一枚奖牌到最后一枚奖牌之间跨度时间最长的世界纪录（28年），直到2012年，新西兰马术运动员马克·托德（Mark Todd）才终于赶上了他。

西蒙·拜尔斯

这位打破纪录的体操女王继续创造历史

多米尼克·伊姆斯

参加奥运会时间：2016 年、2021 年、2024 年

▲ 2016 年奥运会的平衡木决赛中，拜尔斯完成整套动作后获得铜牌

▶站在冠军领奖台上,拜尔斯微笑着捧起2016年里约奥运会跳马项目的金牌

西蒙·拜尔斯被公认为有史以来最出色的体操运动员之一。拜尔斯6岁时参观了美国得克萨斯州休斯顿的班农体操馆,这是日托班组织的一次外出活动。她观察体操运动员并试图模仿他们的动作时,被教练看到了,教练意识到她在这项运动上颇有天赋。

教练随后给拜尔斯的外祖父母写了一封信,鼓励他们让她报名参加体操课程。8岁时,拜尔斯跟随艾米·布尔曼(Aimee Boorman)教练训练,艾米·布尔曼是她首次参加奥运会时的教练。

14岁时,拜尔斯开始了她的精英职业生涯,成为一名初级体操运动员,并于2013年晋升为高级体操运动员。那一年,她参加了在比利时安特卫普举行的世界锦标赛,这是她第一次参加比赛。她赢得了个人全能和自由体操的金牌,成为第一位赢得个人全能金牌的非洲裔美国人。尽管2014年肩伤加重，拜尔斯还是在中国南宁世锦赛上斩获了4枚金牌，并于2015年在格拉斯哥再次书写了同样的辉煌战绩。

15岁时，她观看了美国女子体操队在2012年伦敦奥运会上赢得团体金牌的比赛，深受鼓舞，开始备战奥运会。4年后，她在2016年里约奥运会上首次亮相，参加自由体操比赛。

比赛拉开了帷幕，拜尔斯凭借以桑巴舞为灵感的自由体操获得15.800分的成绩，帮助美国队卫冕体操女子团体金牌。两天后，她以62.198分和15.966分的非凡战绩分别夺得个人全能金牌和跳马金牌。她在自由体操比赛中也获得15.966分，并以此赢得了第四枚奥运会金牌。

拜尔斯是里约奥运会上获得奖牌最多的女运动员，与美国游泳运动员凯蒂·莱德基并列，总共赢得5枚奖牌。凭借4枚金牌，拜尔斯创下了美国女子体操运动员在单届奥运会上获得金牌最多的纪录。她也成为第五位做到这一点的女性运动员，也是自1984年以来第一位实现这一成绩的女子体操运动员。

对于自己的成就，拜尔斯表示："我第一次参加奥运会，获得5枚奖牌，这一点

◀拜尔斯正在参加2013年世锦赛女子全能决赛中的自由体操比赛

▲ 2016年里约奥运会，拜尔斯在赢得体操女子团体金牌后与队友合影

> 我不是下一个尤塞恩·博尔特或迈克尔·菲尔普斯：我是第一个西蒙·拜尔斯。

儿也不令人失望。这表明梦想可以成真。我不是下一个尤塞恩·博尔特或迈克尔·菲尔普斯：我是第一个西蒙·拜尔斯。"

在众多荣誉中，拜尔斯还是首位赢得5次世锦赛个人全能冠军、5次世锦赛自由体操冠军和3次世锦赛平衡木冠军的女运动员。凭借5枚奥运会奖牌和25枚世锦赛奖牌，拜尔斯此时成为有史以来获得奖牌最多的体操运动员。

2024年巴黎奥运会上，拜尔斯以59.131的总分获得女子全能冠军，以9枚（6金1银2铜）奥运会奖牌刷新美国体操运动员奥运会奖牌数纪录。之后她又获得了跳马冠军和自由体操亚军。

维拉·
恰斯拉夫斯卡

这位捷克斯洛伐克体操运动员斩获 7 枚奥运会金牌，
而她在自由体操、平衡木和高低杠上的表现将被人们永远铭记

多米尼克·伊姆斯

奥运会参赛时间：*1960 年、1964 年、1968 年*

▲ 1968 年墨西哥城奥运会上，恰斯拉夫斯卡在跳马比赛中一举夺金

▲ 1967年欧洲锦标赛上，恰斯拉夫斯卡在平衡木项目上夺金。她斩获了5项比赛的所有冠军

1968年在墨西哥城，维拉·恰斯拉夫斯卡站上领奖台、被授予自由体操金牌时，她表达了微妙却有力的抗议。苏联国歌奏响时，这位捷克斯洛伐克体操运动员转头看向地面。存在争议的评分，让她与苏联运动员拉里莎·佩特里克（Larisa Petrick）并列冠军，也让她失去了赢得平衡木金牌的机会。

自1958年国际体操生涯开始，恰斯拉夫斯卡在欧锦赛和世锦赛上频频获奖，并在1960年罗马奥运会上获得团体银牌。1964年东京奥运会上，22岁的她更上一层楼，在平衡木、跳马和个人全能比赛中均夺得金牌，另外还获得了1枚团体银牌。随后，她在1965年和1967年欧锦赛上赢得了所有10个项目的金牌，并在1966年世锦赛上获得了3枚金牌和2枚银牌。恰斯拉夫斯卡似乎注定要在墨西哥城奥运会上大放异彩。

但随后的1968年，迫于当时形势，她逃到山里，在奥运会前的几周里，她都不知道自己是否能够参加比赛，她靠在树枝上荡秋千、搬运装满土豆的袋子、铲煤来增强体力，手上长出了老茧。她在草地上练习自由体操，在原木上练习平衡木。就在奥运会开幕式前几周，她才获准前往墨西哥城。

仓促上阵和对安全的担忧似乎并没有阻碍恰斯拉夫斯卡夺冠的脚步。她蝉联了个人全能和跳马冠军，并赢得了自由体操金牌——她伴着墨西哥草帽舞进行表演，赢得了阵阵喝彩——她还获得了高低杠金牌、平衡木及团体赛银牌。

恰斯拉夫斯卡卓越的体育成就以及与运动员约瑟夫·奥德洛齐尔（Josef Odložil）广为人知的浪漫婚礼，使恰斯拉夫斯卡成为墨西哥城奥运会的耀眼明星，但墨西哥城也标志着她职业生涯的结束。1992年，她成为捷克斯洛伐克奥委会主席，并于1995年加入国际奥委会。

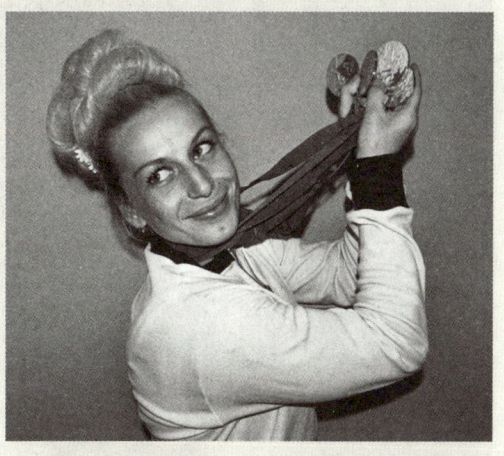

▲ 恰斯拉夫斯卡展示她1968年获得的4枚金牌，她在离开墨西哥城时还收获了两枚银牌和自己的丈夫①

① 在1968年墨西哥城夏季奥运会的比赛场地上，恰斯拉夫斯卡和她相恋多年的男友举行了婚礼。——译注

爱丽丝·科奇曼

科奇曼：冲破种族障碍、成就体育伟业

杰西卡·莱格特

奥运会参赛时间：1948 年

▲ 科奇曼在夺得跳高金牌后，站上领奖台

▲ 科奇曼在全美女子田径赛跳高比赛中折桂

爱丽丝·科奇曼是一名前田径运动员，专门从事跳高，1923年出生于美国佐治亚州奥尔巴尼。她出生在美国种族隔离的时代，经常被禁止参加正式的体育比赛，并被拒绝进入训练场地。她身为女性这一事实也是她不能参加训练的另一个原因，因为当时有人反对女性参加体育运动。

科奇曼被迫自发训练，她使用绳子和棍棒自制器材来练习跳高，她也会赤脚在土路上奔跑以增强体力。1939年，16岁的科奇曼参加了业余体育联盟全美锦标赛（the Amateur Athletic Union National Championships），并打破了高中组和大学组全美跳高纪录，当时她都是赤脚参赛。在接下来的9年里，她成绩惊人，从1939年到1948年，她连续赢得了10次全美锦标赛冠军。

科奇曼在获得奖学金后就读于亚拉巴马州的塔斯基吉学院。虽然她以参加跳高比赛而闻名，但在大学读书期间，她还在

▲ 哈里·杜鲁门在白宫椭圆形办公室会见非洲裔美国运动员，包括科奇曼（右二）

全美锦标赛上赢得过50米和100米短跑以及4×100米接力赛的冠军。在此期间，科奇曼还是塔斯基吉学院女子篮球队的后卫，与她们一起赢得过3个联盟冠军。

1940年和1944年奥运会因"二战"而被取消，科奇曼的奥运会和国际赛场的首秀是在1948年伦敦奥运会上。科奇曼在第一次跳高试跳中就取得了1.68米的破纪录成绩，成为第一位赢得奥运会金牌的黑人女性，一举创造了历史。当时，她击败了英国的多萝西·泰勒（Dorothy Tyler），泰勒在第一次试跳中也取得了相同的分数，但在第二次试跳中成绩不敌科奇曼，最后摘得银牌。

科奇曼是唯一一位在1948年奥运会上获得金牌的美国女运动员。英国国王乔治六世给她颁发了这枚金牌，她以英雄的身份荣归美国。科奇曼受到了哈里·杜鲁门（Harry Truman）总统和前第一夫人埃莉诺·罗斯福（Eleanor Roosevelt）的接见，为庆祝她所获的荣誉，全美各地举行了游行庆典——尽管种族隔离仍在大行其道。1948年奥运会后，科奇曼在24岁时退役，为了养家，她做了一名教师。

首位奥运夺金黑人女性，科奇曼彪炳史册。

即便如此，科奇曼还是在1952年成为可口可乐公司的签约代言人，她是第一位为国际消费品代言的黑人女运动员。随后，科奇曼与在1936年奥运会上获得4枚金牌的田径运动员杰西·欧文斯一起出现在广告牌上。科奇曼成功入选美国田径名人堂，人们常常猜想，如果1940年和1944年奥运会如期举行，她会取得怎样的不凡成就。她于2014年7月与世长辞，享年90岁。尽管斯人已逝，但科奇曼的运动生涯无疑仍激励着许多年轻女性继续追随她的脚步。

▲ 在2012年伦敦奥运会倒计时100天之际，科奇曼接受体育广播员乔恩·纳伯（Jon Naber）的采访

加藤泽男

这位体操运动员获得过 8 枚奥运会金牌,在 3 届奥运会中表现出众。迄今为止,他仍然是日本最优秀的奥运选手

多米尼克·伊姆斯

奥运会参赛时间:1968 年、1972 年、1976 年

▲ 1972 年慕尼黑奥运会上,监物永三、加藤泽男和中山彰规在个人全能比赛中包揽前三

▲ 加藤正在单杠上比赛，刻苦自律和个人风格的完美融合成就了他，使他一举夺冠

迄今为止，没有任何一位日本奥运选手获得的金牌数量能够超过加藤泽男。20世纪60、70年代，日本男子体操独占鳌头，加藤泽男担任铁腕队长，他神情刚毅、目光专注、动作精湛，能出色完成整套动作。在3届奥运会上，加藤共斩获8枚金牌——只有少数运动员能更胜一筹——他总共获得12枚奖牌。

加藤身高5英尺4英寸（约1.64米），因其刻苦自律而备受称赞，他用技术上的精益求精、动作上的不断创新与自己的天赋重塑了男子体操。他的创新之一是在训练中使用蹦床。在1968年墨西哥城奥运会首秀赛场上，他的努力得到了回报，他在自由体操、团体赛和个人全能比赛中夺得金牌，并获得吊环铜牌。更令人印象深刻的是，尽管跟腱拉伤，这位21岁的选手却咬牙坚持，并战胜了苏联体操名将、7枚奖牌得主米哈伊尔·沃罗宁（Mikhail Voronin）。

在墨西哥城参加比赛的还有加藤的哥哥武司，他在自由体操比赛中摘得铜牌，并且是团体金牌获得者之一。兄弟二人出生于"二战"后，在日本新潟县长大。加藤在年轻时就具有学习天赋且热衷于运动，他投身体操，并在前奥运选手金子明友教练的指导下开始与武司一起训练。

1972年慕尼黑奥运会上，加藤和日本队的表现更加出色。他成为历史上第三位蝉联男子个人全能冠军的体操运动员。加藤还获得了双杠金牌、鞍马和单杠银牌。苏联运动员的参与加剧了竞争的激烈程度，极具天赋的尼古拉·安德里亚诺夫（Nikolai Andrianov）曾获得过欧锦赛和世锦赛的多个冠军，但日本队最终勇夺团体金牌，24枚体操奖牌中，16枚被日本队收入囊中。

1976年蒙特利尔奥运会上，加藤和安德里亚诺夫再次上演高手的巅峰对决。日本队再次蝉联团体冠军，加藤蝉联双杠冠军。在个人全能比赛中，加藤以1分之差败给了安德里亚诺夫，与金牌擦肩而过。

为了表彰他的成就，加藤于2001年入选国际体操名人堂。退役后，他继续担任教练，然后开始迎接这项比赛中的另一种挑战：担任裁判。他不再去赢得分数，而是赋予分数。

▲ 凭借鞍马套路动作，加藤在墨西哥城获得了全能金牌，此外，他还赢得了个人自由体操冠军

拉里莎·拉蒂尼娜

她是有史以来获得最多奥运会奖牌的女选手

多米尼克·伊姆斯

奥运会参赛时间：1956 年、1960 年、1964 年

▲ 1964 年东京奥运会上，拉蒂尼娜在平衡木上比赛，这是她第三次参加奥运会

老将拉蒂尼娜势头强劲，在参加的每届奥运会上都获得了6枚奖牌。

▲ 3金2银1铜：1960年罗马奥运会奖牌

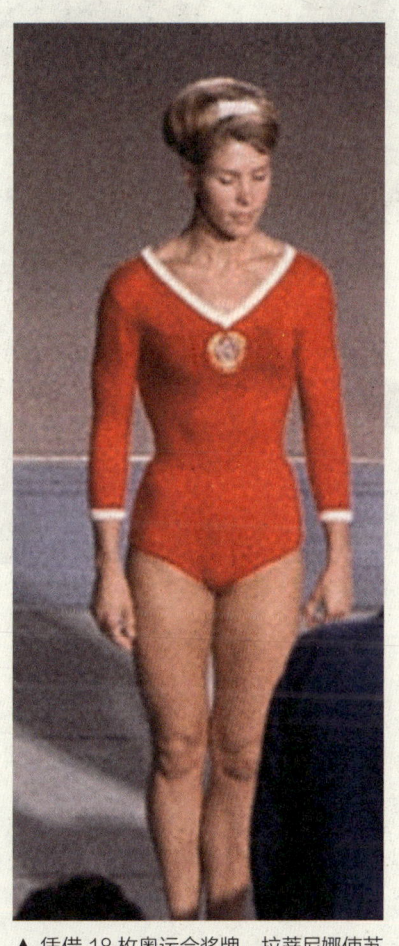

▲ 凭借18枚奥运会奖牌，拉蒂尼娜使苏联人占据了女子体操的霸主地位

1964年，拉里莎·拉蒂尼娜第三次也是最后一次参加奥运会，她最终获得的奖牌总数达到了18枚，这个数量位居所有运动员所获奖牌总数排行榜之首，她将这一纪录保持了48年。

这位苏联体操运动员赢得了9枚金牌——目前仍然是获得金牌数最多的女性奥运选手——外加5枚银牌和4枚铜牌。事实上，在拉蒂尼娜参加的3届奥运会上，几乎在每场比赛中都获得了1枚奖牌，只有一次例外[①]。

[①] 1956年的平衡木比赛中获得第四名。——译注

▲ 拉蒂尼娜与苏联宇航员盖尔曼·蒂托夫（Gherman Titov）和尤里·加加林（Yuri Gagarin）合影

加上在世锦赛和欧锦赛上的成功，拉蒂尼娜在她的职业生涯中共赢得了46枚奖牌，她的非凡战绩曾经轰动一时。辉煌的起点始于1954年世锦赛，当时她是金牌体操队的一员。

拉蒂尼娜出生于苏联治下的乌克兰，她从小就拥有成为一名卓越运动员所需的优雅、力量和技巧，但她小时候的梦想是成为一名芭蕾舞演员。后来，当地的舞蹈工作室关门停业，她才转向体操，她完美的身体素质让她在转型后如鱼得水。

1956年墨尔本奥运会上，21岁的拉蒂尼娜首次亮相。她在跳马、团体赛和个人全能比赛中都获得了金牌，并获得1枚银牌和1枚铜牌[1]。此外，她还与她的劲敌、年长且经验更丰富的艾格尼丝·凯莱蒂（Agnes Keleti）共享了自由体操冠军。凯莱蒂共获得了4枚金牌及2枚银牌。

1957年，拉蒂尼娜在欧洲锦标赛上继续保持着出色的比赛状态，在所有5个个人项目中都名列前茅，第二年的世锦赛上，她在怀孕4个月的情况下赢得了6个比赛中的5个冠军。

1960年罗马奥运会上，她再次获得自

---

[1] 拉蒂尼娜在1956年简易器械团体比赛中获得铜牌，但这项比赛在后来的奥运会体操比赛中被取消了。——译注

由体操、团体和个人全能项目的金牌，平衡木和高低杠的银牌以及跳马的铜牌。在很大程度上，正是在拉蒂尼娜的带领下，苏联女子体操运动员那一年的战绩遥遥领先，在18枚体操奖牌中，她们就包揽了其中的15枚。

在1964年东京奥运会上，老将拉蒂尼娜延续了在每届奥运会上都赢得6枚奖牌的强劲势头，完成了包括她在自由体操和团体赛上的"三连冠"。

尽管在个人全能比赛中不敌捷克斯洛伐克的年轻体操天才维拉·恰斯拉夫斯卡，但她还是在团体赛中为苏联队拿下了最高分。下一代人谈起她时，一定会认为她仍宝刀未老、所向披靡。

退役后，拉蒂尼娜担任了10多年的教师和国家教练，在体操界仍是首屈一指的人物——在此期间，苏联女子体操队又赢得了3枚团体金牌——她还是1980年莫斯科奥运会的主要组织者。

2012年之前，她获得18枚奥运会奖牌的纪录一直未被打破，但在这一年，美国游泳运动员迈克尔·菲尔普斯最终超越了她。当他获得第19枚奖牌、成为历史上获得最多奖牌的奥运选手时——尽管拉蒂尼娜仍保持着女子总奖牌数第一的荣誉——体操天才拉蒂尼娜从看台上站起身来，为他的成就鼓掌。

▲ 1956年奥运会上，拉蒂尼娜（右三）与队友站在一起

斯凯·布朗

玩转滑板，冲向蓝天：13 岁天才少女奥运首秀

多米尼克·伊姆斯

参加奥运会时间：2021 年、2024 年

东京奥运会延期举行，而其中一个标志性画面可能是一个咧嘴笑的 13 岁女孩。斯凯·布朗是世界顶级女子滑板运动员之一，如果一切顺利，她很可能有资格代表英国参赛，这将使她成为有史以来英国最年轻的奥运选手之一。

东京奥运会于 2021 年 7 月 23 日开幕，首次将滑板纳入比赛项目。它将包括两种

▲ 布朗参加了 2019 年的世界极限运动会（X Games），凭借空中转体 540 度的动作强势夺冠，创造了历史

▲ 在世锦赛上获得铜牌后,布朗兴高采烈地与母亲一起庆祝

▲ 2019年,11岁的斯凯·布朗在滑板世锦赛上

类型的比赛①。布朗要参加的碗池滑板比赛场地看起来是一个典型的滑板公园,公园内有一个凹进去的赛道,参赛者可以在两侧滑行并在空中表演特技。街式滑板赛场看起来像一条城市街道,是滑板选手的游乐场,因为他们可以在铁轨、路缘、长凳、楼梯、墙壁和斜坡上进行各种特技表演。

布朗出生于2008年7月12日,3岁时开始接触滑板。她没有严格的训练体系,也没有教练指导,她只是在当地的滑板公园自己玩转滑板,或者从网络上自学新技巧。她也正在成为世界级冲浪选手,大多数时间她会在黎明时分醒来,前往日本或加利福尼亚的海滩冲浪。她的母亲是日本人,父亲是英国人,这就是她有资格入选英国队的原因。

2016年9月,这位年仅8岁、身材娇小的神童成为Vans美国冲浪公开赛职业系列赛中年龄最小的参赛者。布朗可不是到比赛中去充数的:她在2019年赢得了年度赛事"Simple Session"的冠军,击败了身型比她大两倍多的成年人,并获得了世锦赛铜牌。她也是第一位在极限运动会上完成正面转体540度的女子滑板运动员。巅峰时期,布朗排名世界第三,几乎保证了她在奥运会上的一席之地。

但在2020年,布朗差点终结了自己的比赛生涯,因为她在训练中身负重伤。她在坡道顶部失去控制,从距离地面15英尺(约4.6米高)的斜坡上重重跌落,导致颅骨多处骨折,肺部和胃部撕裂,胳膊和手腕多处骨折。布朗最初被送往医院时昏迷不醒,但几周后她就再次回到了滑板上。她经常说:"即使我摔得很重,我也会重新站起来再试一次。"这种态度无疑有助于她的快速康复。

尽管身受重伤,布朗仍计划参加奥运会。最终,布朗在东京奥运会上获得滑板女子公园赛铜牌。2024年巴黎奥运会,她获得了该项目银牌。

---

① 碗池滑板和街式滑板。——译注

图片所属

13、17、19—21页	© Getty Images
22—27页	© Creative Commons: Sailko, Richard Mortel
30、37—39页	© Alamy, Getty Images
40页	© Alamy
44—47、49页	© Alamy, Getty Images
58—61页	© Alamy, Getty Images, Creative Commons: Gordon Morrison
64、65、67—69页	© Getty Images
82、83页	© Alamy, Getty Images, Rex Features, Marcus Faint
86—89、91页	© Getty Images, Alamy
92页	© Getty Images
96—99、101页	© Getty Images, Creative Commons: Ralf Roletschek
104、105页	© Special Olympics
106—111	© Special Olympics , Getty Images
115—119页	© Alamy, Getty Images
120页	© Getty Images
124—129页	© Alamy, Getty Images
130页	© Getty Images
134—139页	© Alamy, Getty Images
145—147页	© Getty Images, Ceative Commons: Arne Müseler, Suicasmo
153—157页	© Alamy, Getty Images
160、163—167	© Getty Images
171—175页	© Alamy, Getty Images
178、181、181页	© Getty Images
182—185页	© Getty Images
186—189页	© Getty Images
190—193页	© Alamy, Getty Images
194—197页	© Getty Images
198、199页	© Alamy, Getty Images, Creative Commons: Nationaal Archief
200—203页	© Getty Images
204、205页	© Getty Images
206—209页	© Getty Images, Alamy
210、211页	© Getty Images